Andrea Gabriele Fritz / Andreas Raub

ERDE SINGE

Ein Garten für unsere Kirche

Bibliografische Information der Deutschen Bibliothek:
Die Deutsche Bibliothek verzeichnet diese Publikation in der Deutschen National-
bibliografie; detaillierte bibliografische Daten sind im Internet über http://dnb.ddb.de
abrufbar.

Der Titel dieses Buches und der beiden Teile, ebenso die Überschriften der Kapitel
sind Zitate aus Kirchenliedern, die im Anhang nachgewiesen sind.

Impressum:
dialogverlag Münster, 2007

Redaktion: Dieter Lammerding
Technische Herstellung: dialogverlag Münster

ISBN 978-3-937961-33-0

Erde singe,
dass es klinge,
laut und stark dein Jubellied!

GL 840

Ich singe mit, wenn alles singt,
und lasse, was dem Höchsten klingt,
aus meinem Herzen rinnen.

EG 503

Dies ist eine wahre Geschichte. Natürlich anders wahr als Protokolle oder Schnappschüsse. Auch sind ein paar Namen verfremdet; manche Blumen blühen nun einmal lieber im Verborgenen. Aber die Pfarrgemeinde St. Theresien existiert wirklich, in Münster in Westfalen. Sie können uns besuchen. Wenn Sie dann jemanden aus diesem Buch wiedererkennen – und das ist gut möglich, denn Ähnlichkeit ist beabsichtigt –, dann tun Sie wie die Autorin, gehen Sie hin und sagen Sie: Danke, danke, dass es Sie, dich, euch alle gibt!

Andrea Gabriele Fritz

INHALT

II. EIN HAUS VOLL GLORIE
Die Kirche im Gartenschmuck

ZUM GELEIT

Blumenschmuck in der Kirche – dazu gehören Kindheitserinnerungen. An den Maialtar, an die selbst gepflückten Blumen, Schlüsselblumen und Wiesenschaumkraut. An die Blumenteppiche zu Fronleichnam, frühmorgens gelegt, aus blauen Kornblumen, rotem Klatschmohn und weißen Margeriten – allein der die Monstranz tragende Priester durfte diese wunderbaren Blumenteppiche betreten. Nicht zu vergessen der Buchsbaum am Palmsonntag, der Adventskranz und Erntedank.

Wenn ich an die Theresienkirche denke, fallen mir vor allem die Karwoche und Ostern ein, das große Kreuz auf dem Chor: Nach der Kreuzenthüllung am Karfreitag ist die Christusfigur von einem ausgetrockneten Dornenkranz umrahmt, in der Osternacht ist das tote Gehölz dann voll von roten Rosen.

Was haben Blumen in der Kirche zu suchen? Sind sie nicht bloßer Luxus, der vom Eigentlichen ablenkt? Natürlich ist die Kirche kein Ort, an dem sich Blumenliebhaber austoben können, und der Altar ist ein Symbol für Christus und kein Blumenständer.

Eine kleine Verteidigungsrede für die Blumen findet sich bei dem schlesischen Dichter Angelus Silesius (1624-1677): „Die Ros ist ohn Warum, sie blühet weil sie blühet, / sie acht't nicht ihrer selbst, fragt nicht, ob man sie siehet."

Man kann mit Blumen Geld verdienen, man kann sie bestimmen und anderes mit ihnen anstellen, nur hat man damit nicht verstanden, dass sie einfach schön sind. Ihr einziger Zweck ist es, schön zu sein – ohne weiteres Warum. Ähnlich verhält es sich mit der Liebe. Wer mit der Liebe etwas erreichen will, Karriere oder Reichtum, missbraucht die Liebe. Selbstlose Liebe ist ohne Warum. Sie liebt, ohne Bedingungen zu stellen, ohne Wenn und Aber. Damit rühren wir an den Kern des christlichen Glaubens. Gott ist Liebe. Dass er uns liebt, liegt nicht daran, dass er uns Menschen nötig hätte, um sich nicht zu langweilen. Gott braucht uns nicht, er liebt uns ohne Warum. In jeder Eucharistiefeier werden wir in das Geheimnis seiner Liebe einbezogen.

Bleiben wir noch bei den Rosen. In aller Welt verbreitet ist eine kitschige Statue, welche eine junge Nonne mit Rosen in den Armen zeigt, die heilige Therese von Lisieux, die Patronin unserer Gemeinde. Von ihr ist ein Wort überliefert, vom Himmel aus werde sie Rosen auf die Erde regnen lassen. Ein Wort, das beim ersten Lesen befremden kann. Was ist der Sinn? Im Himmel will Therese das weiter tun, worum sie sich in ihrem Leben bemüht hat, „Blumen pflücken, Blumen der Liebe" für die Kirche und für die Menschen. Der Himmel ist für sie alles andere als Privatsache. Der Himmel ist vielmehr eine „Entschränkung der Liebe für alle" (Papst Benedikt XVI.).

Blumen haben uns eben doch sehr viel zu sagen. Für den Blumenschmuck in unserer Kirche sorgt seit Jahren die Autorin dieses Buches, gemeinsam mit ihrem Team. Ihr Reservoir ist der Kirchgarten, dessen Wiederbelebung auf die tatkräftige Initiative von Andrea Gabriele Fritz zurückgeht. Nicht weniger wichtig sind ihre historischen Kenntnisse von der Zuordnung einzelner Blumen zu den Geheimnissen des Kirchenjahres. Dafür immer neu einen herzlichen Dank.

Ferdinand Schumacher
Pfarrer der Gemeinde St. Theresia, Münster

HINFÜHRUNG

THERESE, liebe Patronin du,
send uns deine himmlischen Rosen zu.

Kalenderspruch aus dem Kirchgarten

THERESIA VON LISIEUX, „die kleine Therese" (Fest 1. Oktober), 1873-1897, Karmelitin,
1997 von Johannes Paul II zur Kirchenlehrerin ernannt. Sterbend sah sie ihre Aufgabe als ein unaufhörliches
Fürbitten: „Nach meinem Tode will ich Rosen über die Welt regnen lassen ..."

Wir haben einen Kirchgarten!

Wie reizend, hören wir dann, gibt es das wirklich noch, dass der Pastor selber seine Kartoffeln zieht und seinen Tabak baut – nein? Dann meinen Sie wohl den Grillplatz für die Gemeinde? Wie, auch das nicht, wozu ist ein Kirchgarten sonst von Nutzen? Es ist ein Nutzgarten, den wir in St. Theresien haben, antworten wir. Aber ein geistlicher Nutzgarten: Er dient dazu, Pflanzen für den Blumenschmuck der Pfarrkirche heranzuziehen. Denn eine Kirche ist ja nicht irgendein Raum, darum kann der Blumenschmuck nicht irgend etwas Beliebiges sein.

Wieso, was ist Besonderes daran? Und wieso brauchen Sie dafür einen ganzen Garten?

Stellen wir selbst eine weitere Frage, die unvermeidlich kommt: Ist Blumenschmuck in der Kirche überhaupt notwendig? Das ist von Zeit zu Zeit umstritten. Im frühen Christentum sah man darin einen Überrest von heidnischem Kult, den es zu bekämpfen galt. Aber der sonst so strenge heilige Hieronymus, im 4. Jahrhundert, war, was Blumen anging, weniger asketisch. Zwei Jahrhunderte danach wurde die Königin Radegundis hoch gepriesen, weil sie mit eigener Hand Girlanden für die Altäre flocht. Spätmittelalter und Barock trieben mit Blumen einen Aufwand, den wir uns kaum vorstellen können. Dazwischen gab und gibt es bis heute Wellen von Purismus, gemäßigt bis radikal. Und wie lautet die offizielle Lehrmeinung in unserer Nachkonzilszeit? Mit Genugtuung lesen wir in der römischen Liturgie-Instruktion aus dem Jahr 2004: Ausdrücklich hat die Gemeinschaft der Christgläubigen „das Recht auf eine Liturgie in Würde und Schönheit". Dazu gehört alles, was den Festcharakter des Gottesdienstes, vor allem der Sonntagsmesse, hervorhebt, Paramente, Musik, – wie dürften da Blumen fehlen! Weiter erinnern wir uns einer Predigt, die bei der Internationalen Gartenschau in Graz im Jahr 2000 gehalten wurde. Kardinal Franz König wandte sich darin an alle, die für den Schmuck der Kirche sorgen: „Blumen und Blumenschmuck vermitteln den Ausdruck der Freude und der Dankbarkeit Gott gegenüber; sie tragen dazu bei, das Herz zu bewegen, angesichts der Größe Gottes, wie sie sich in den kleinen Dingen und in ihrer verborgenen Schönheit offenbart."

Wagen wir ein Paradox: Kirchlicher Blumenschmuck ist deshalb notwendig, weil er nichts

Notwendiges ist. Weil er über das hinaus weist, was nur notwendig ist. Unser Leben sei ein Fest! so singt ein neues geistliches Lied, jede Stunde und jeden Tag!

Lasst uns also die Kirche mit Blumen schmücken! Aber: Blumenschmuck in der Kirche gehört zur Liturgie, es geht nicht etwa um Dekoration. Um diesem Missverständnis zu begegnen, mussten die deutschen Bischöfe kategorisch vorschreiben: „Von künstlichen Blumen ist abzusehen." Damit wird nicht nur Plastik abgelehnt – Blumenschmuck war auch schon aus Gold und Silber und Glas. Da aber im Hause des Herrn nur das Beste gut genug ist, wird Lebendigkeit gefordert, die echte, irdische, gottgeschaffene, keine Attrappe. Wie die Kerzenflammen nicht durch elektrische Birnen zu ersetzen sind, wie das Ewige Licht von Pflanzenölen gespeist wird, wie wir Herzen haben aus Fleisch und Blut.

Lebendig, so folgern wir, soll denn auch die Art des Blumenschmucks sein. Wie oft aber findet man in Kirchen Arrangements, die etwas Künstliches, geradezu Automatisches haben: immer dieselben Gerbera, immer garniert mit Schleierkraut. Oder, hat die Verkäuferin hilfreich gemeint, nehmen Sie doch Anthurien, die halten wochenlang. Oder Begonien im Topf, die passen auf jeden Fall. Nein, eben nicht! Gleichförmigkeit steht in völligem Widerspruch zum Kirchenjahr. Das ist lauter Leben und Wechsel, mit seinen Festen und Zeiten, mit den täglich neuen Texten und Gesängen der Messe und des Stundengebets. Das eben soll und kann auch im Blumenschmuck sichtbar werden. Denn Pflanzen setzen Zeichen. Sie sprechen zu uns mit Farbe, Gestalt, Duft. Traditionen knüpfen sich daran, gelehrte Kenntnis, volkstümliche Deutung. Was fällt uns wohl bei Tannenbäumen ein, was bei Osterglocken? Und wenn man mit offenen Augen durch die Natur geht, so staunt man, welch überreiche geistliche Symbolik sie sonst noch bereithält.

Ein Beispiel: das Stiefmütterchen. Etwas Buntes für den Balkon, etwas biedermeierlich Liebenswürdiges. Aber vielerorts heißt es heute noch „Dreifaltigkeitsblume". Warum? Genaue Beobachtung und fromme Betrachtung hat schon in dem miniaturhaften Blütchen der Wildform den ungeheuren Sinn zu finden gewusst. Die drei Farben in der einen Blüte – sind sie nicht ein theologisches Gleichnis? Und das Mal in der Mitte, erinnert es nicht an das „Auge Gottes": ein menschliches Auge, das weit offen aus einem gleichseitigen Dreieck blickt, so wie es in goldener Gloriole über vielen barocken Altären strahlt, in katholischen wie evangelischen Kirchen ...

Darauf reagieren wir Heutigen vielleicht zuerst mit Verblüffung, wohl auch mit Lächeln, aber es mag Nachdenklichkeit daraus werden. Diese Sichtweise haben wir verlernt. Lohnt es sich nicht, sie wieder zu entdecken? Ist sie denn wirklich altmodisch? Blickt nicht Gottes Auge auch uns aus seiner Schöpfung entgegen?

Es sind Assoziationen der etwas anderen Art, die der liturgische Blumenschmuck einbeziehen kann. Freilich werden selbst Rosen und Lilien, denen doch gewiss etwas Kirchliches anhaftet, zu nichtssagendem Zierat, wenn man das ganze Jahr über die Vasen damit anfüllt.

Ein wirklich sprechender Blumenschmuck ist immer wieder anders. Auch seine Funktion: manchmal nachdrücklich hinweisend, manchmal still begleitend, manchmal auch – zur Fastenzeit – in auffälliger Weise fehlend. So erfüllt er einen Dienst, pastoral ohne Worte. Darin ähnelt er dem

„Wandelaltar" des späten Mittelalters, dessen Bildtafeln beweglich sind: Ein Festgeheimnis wird zu seiner Zeit, und nur dann, gezeigt und wieder verschlossen, ein anderes tritt an seine Stelle. Immer neu wird die Aufmerksamkeit geweckt, wird zur Betrachtung eingeladen, zur vertiefenden Wiederbegegnung mit dem längst Bekannten.

Welch eine Möglichkeit! Welch eine Herausforderung ...

Woher aber nehmen wir das ganze Jahr über eine Fülle und Vielfalt, die einer solchen Aufgabe gewachsen ist (buchstäblich)? Immer frisch müssen die Pflanzen sein, oft langstängelig und fernwirkend in dem weiten Raum, eine Palette von Farben, Gestalten, Bedeutungen muss geboten sein. Alles kaufen? Das ist nicht nur eine Frage der Finanzen. Das lässt sich auch ökologisch nicht verantworten: Die meisten Schnittblumen sind Importe, unter umwelt- und menschenfeindlichen Bedingungen hergestellte Ware. Und besonders: Vieles, das ästhetisch anspricht, macht vielleicht das Wohnzimmer behaglich oder den Konzertsaal prächtig, passt aber noch lange nicht für die Kirche. Und vieles, was sich in besonderer Weise eignet, gibt es nirgends zu kaufen.

Die Lösung? – Man braucht einen Kirchgarten!

Was wir in St. Theresien allerdings auch erfahren haben: Ein grundsätzliches Problem bleibt. Kirchenjahr und Gartenjahr sind nun einmal nicht kongruent. Den üppigsten Blumenschmuck bringt der Sommerflor – ausgerechnet also, wie es liturgisch heißt, zur „Zeit im Jahreskreis", außerhalb der beiden großen Festkreise, die doch nach der reichsten und freudigsten Gestaltung verlangen. Zwar die Weihnachtsbäume wachsen pünktlich, zum feststehenden Termin. Aber wenn Ostern sich um ganze vier Wochen verschiebt? Dann sind die Osterglocken schon in der Fastenzeit verblüht. Und auf Pfingstrosen zur rechten Zeit ist noch weniger zu rechnen. Warum nur lässt der Vater im Himmel, der doch weiß, was wir brauchen, die Gladiolen und Montbretien mit ihren Flammenzungen nicht jetzt blühen, sondern zur Kräutersegnung, wenn wir keine Verwendung dafür haben! Und die Kaiserkrone, wie gelegen käme sie uns zu Christkönig, im Spätherbst, anstatt im April – doch nein: Wir vergessen, dass sie fürchterlich stinkt, also für den Kirchenschmuck sowieso nicht taugt. Es ist eben doch alles weise geordnet. Nur den Kopf zerbrechen müssen wir uns manchmal ...

Einigen dieser Nöte lässt sich gegensteuern, mit der klugen Wahl verschiedener Sorten. Aber doch nur begrenzt. Ein Kirchgarten ist keine Gärtnerei; eine kleine Pfarrei hat nicht die Möglichkeiten eines Wallfahrtsorts. Und das findigste Konzept versagt vor Hagelschlag oder Schneckenfraß. Auf Kirchenschmuck aus dem Garten angewiesen sein, das bedeutet immer auch eine Übung in Demut. Dazu gehört die Einsicht, dass wir manchmal etwas kaufen müssen. Aber nicht einfach um dem Auge etwas zu bieten, sondern um einer unüberbietbaren Signalwirkung willen (wie sie etwa von Weihnachtssternen ausgeht), und dann nur aus regionalem Anbau oder fairem Handel.

Sonst aber schadet ein wenig Bescheidung nicht. Im Gegenteil. In unserer Gesellschaft haben wir uns daran gewöhnt, jederzeit alles haben zu können. Ein Blumenschmuck, der aus anderen Klimazonen stammt, spiegelt uns vor, es sei immerfort Frühling, Wellness, Perfektion. Gesünder ist uns aber, dass wir uns in Natur und Zeit einfügen, dass wir uns Veränderungen nicht entziehen, auch nicht in unserem Lebensalter und unserer Welt. Ein Blumenschmuck, den wir aus unserem eigenen Umfeld nehmen, wird Zeichen für solche Bereitschaft. Und den bringen wir in die Kirche, wie wir alles, was in uns selber blüht und grünt und welkt und dürr steht, vertrauensvoll vor Gott bringen. Auch dafür gibt die Liturgie den

Rahmen. Im Kirchenjahr wird Zeit gerade nicht aufgehoben und verwischt, sondern bewusst gemacht, mit seinem Rhythmus, der „heilend" wirkt (A. Grün): als zyklische Wiederkehr im linearen Ablauf, dabei als spiraliges Aufsteigen, dem kommenden Herrn entgegen.

Wir haben einen Kirchgarten!

Und dieses Fleckchen Erde erbringt das, was wir als unsere Aufgabe ansehen: das Jahr des Herrn im Kirchenraum zu begleiten mit einem Blumenschmuck, wie das Gartenjahr in unserem Teil der Welt ihn gibt, und der gleich fern ist von Floristik wie Ikebana, nur der Liturgie verpflichtet.

Es könnte noch mehr Kirchgärten geben! Darum musste dieses Buch geschrieben werden. Es ist ein persönlicher Erfahrungsbericht, voller Erzählfreude, die man mir verzeihen möge. Nicht etwa ein Lehrbuch. Weder der Garten noch der Blumenschmuck, der daraus hervorgeht, sind als Muster gemeint. Wohl aber als Beispiel, dass so etwas tatsächlich entstehen und bestehen kann, und als Anregung – vielleicht zu etwas gänzlich Andersartigem: Auch Kopfschütteln hat schon gute Ideen hervorgebracht.

Der Kirchgarten von St. Theresien wurde nicht eigentlich „gemacht", er ist gewachsen, langsam, und wir wuchsen mit ihm. Dasselbe gilt für den Blumenschmuck. Immer wieder finden wir uns erstaunt in Traditionen stehend. Die pflegen wir nun bewusst, wir entdecken ihren Reichtum. Nicht zu vergessen: Es ist ein Dienst, den wir auf uns genommen haben, und also oft eine Plage. Aber im Tiefsten ein Glück, in dieser besonderen Weise spielen zu dürfen vor dem Herrn. Wie könnten wir anders, als es weitergeben!

Als ich ermutigt wurde, dieses Buch zu schreiben, wurde ich zugleich ermahnt, dabei Mut zur Lücke zu zeigen. Denn die Thematik liegt in einem Grenzbereich: Gartenbau, Volkskunde, Floristik, christliche Ikonographie und Liturgie überschneiden sich darin. Die Autorin kann nur um Nachsicht bitten.

Ich nenne im Anhang einiges Wenige zur Hintergrundlektüre. Konkrete Hinweise zum Blumenschmuck für die Kirche gibt es vereinzelt in Floristen- und Küsterhandbüchern. Hilfreich, aber nur mühsam erreichbar wären dem, der sich von unserem Konzept anstecken lässt, vor allem zwei Bücher. Ich wollte, sie wären mir früher begegnet. Das eine stammt von einer Kirchenschmückerin Ende des 20., das andere von einem pfälzischen Pfarrer Ende des 19. Jahrhunderts. Adelheid Nießen hat mit feinem Gespür für die Liturgie einen lesenswerten und praktischen kleinen Ratgeber verfasst. Arnold Rütter, der mit der „goldenen Medaille für Verdienste um die vaterländische Landwirtschaft" ausgezeichnet wurde, zeigt in drei Bänden, wie die Pflanzenwelt in den Dienst der Kirche (nach damaligen Bedürfnissen) zu stellen sei; er befehdet vehement das „Industrie-Rittertum", das mit der „Luxusheuchelei" der seinerzeit modischen künstlichen Blumen die Altäre vereinnahmen wolle, und macht konkrete Vorschläge für die Anlage von speziellen Gärten. Beide sind mir an Erfahrung und Weisheit weit überlegen, aber ich hoffe, dass sie mich als eine Schwester im Geiste anerkennen würden.

Jede Gemeinde, jede Kirche ist anders. Wie jeder Garten, jedes Gartenjahr. Tauschen wir uns aus: Was wäre wohl in einer Kathedrale angemessen, was in einer Barockkirche? Was fangen wir in den Dünen an oder im Regenwald? Eins ist sicher: Um die Herrlichkeit Gottes zu preisen, findet sich überall irdische Herrlichkeit. Dem Blick des Schöpfers begegnen wir, wo auch immer.

Und nun treten Sie ein in den Kirchgarten unserer kleinen westfälischen Pfarrei und lassen Sie sich herumführen. Das Pförtchen öffnet sich bereits ...

EIN NEUES LIED

DER GARTEN IM KIRCHENDIENST

ERMUNTERT EUCH

Der Boden rau, der Same zart –
Strengt euch halt an, spricht St. GERHARD.

St. ULRICH war ein tapfrer Mann –
Auf denn ins Feld! Wir packen's an!

Kalendersprüche aus dem Kirchgarten

GERHARD von Csanád (Fest 24. September), gest. 1046, brachte das Evangelium nach Ungarn trotz heftiger Widerstände; Märtyrer.

ULRICH von Augsburg (Fest 4. Juli), 890-973, Bischof, hielt mitten im Getümmel der Schlacht auf dem Lechfeld (955) im Gebet aus.

Das ist jetzt Jahre her ...

„Wo geht es denn nun zu diesem Kirchgarten?", fragte der neue Pastor.

Die alte Dame, die ihn auf das wüste Gelände hinter der Theresienkirche gelotst hatte, funkelte ihn kampflustig an: „Das ist es eben", stieß sie hervor, „Sie stehen mittendrin. Im Rosenbeet!"

Der Pastor sah befremdet um sich. Er war sich bewusst, dass seine botanischen Kenntnisse nicht weit über sein Brevier hinausreichten und dass die Zeder des Libanon und die Palme, welcher der Gerechte gleicht, ihm vertrauter waren als die einheimische Flora. Aber dieses Grünzeug, das ihm bis über die Knie reichte, dies grüne Klebrige, das an seinem Pullover hakelte, und das monströse Grüne da, das die Sicht auf die Kirche versperrte (wahrhaftig, der Turm guckte kaum noch raus), das waren auf keinen Fall Rosen ... Inzwischen brach neben ihm ein Vulkan aus: „Jetzt sagen Sie mal selber, Herr Pastor, wie soll ich denn noch die Kirche schmücken, dreißig Jahre lang hab ich's gemacht, aber wenn hier keine Blumen mehr sind, die Ziersträucher bringen ja auch nichts mehr, wenn sich eben keiner kümmert! Ich kann doch nicht alles vom Markt holen, Sie ahnen nicht, was das kostet, und dann noch die Fahrerei – nein, ich mach's nicht mehr, und, Herr Pastor, das muss mal gesagt sein, zur Zeit Ihrer Vorgänger ist das hier anders gewesen!"

„Und wie war es?", fragte der Pastor sanftmütig.

Ein Aufleuchten über das ganze Gesicht: „Ach, damals ..., da hat es im Pfarrhaus noch eine Haushälterin gegeben, die hat schon um vier Uhr früh hier umgegraben, das machte ihr nichts aus. Die hat immer gesagt: Helena, du kannst alles nehmen für deinen Blumenschmuck. Arme voll Rosen und Pfingstrosen und Rittersporn konnte ich in die Kirche bringen. Ach, so jemanden gibt es heutzutage nicht mehr ..."

Aber geschehen muss etwas, dachte der Pastor und seufzte. Keinen Blumenschmuck und dafür eine grüne Hölle, das können wir uns nicht leisten. Laut sagte er: „Grün ist die Hoffnung. Wir müssen einfach jemanden ansprechen."

Die Angesprochenen sagten nein. Auch ich. Ich weiß noch, ich lachte dabei, so absurd war dieses Ansinnen. Ich bin doch keine Gärtnerin! Sicher, man trifft mich ständig mit einem Buch über Pflanzenkunde oder Gartenbau in der Hand. Aber selten mit einem Gartengerät. Wozu denn auch? Mein eigener Garten besteht aus einer Eiche und etwas Waldvegetation drumherum, die gedeiht am besten, wenn man sie in Ruhe lässt. Zeit hätte ich sowieso keine, gerade jetzt, nach der Rückkehr in den Beruf – und dann auch noch ein Ehrenamt übernehmen? Nein, nein, nein.

Aber widerstehe einer der List und Energie einer entschlossenen alten Dame! Es sei doch gleich nebenan, schmeichelte Helena. Nur eben mal schauen ...

Mit meinen Augen gesehen, war das Bild, das sich da bot, durchaus reizvoll: Unter der roten Backsteinmauer des Chores, umgeben von einem malerisch zusammengebrochenen Zaun, dehnte sich grün eine Prärie. Übermannshoch ragte der Beifuß, prächtig der Ampfer, Klette und Karde wahrhaft majestätisch, und in den Büschen hangelten Girlanden von Brombeere und Zaunrübe. Und der Giersch, wie er strotzte! Aber „gemästet haben die sich in dem guten Boden", zürnte Helena, „das hätten die nie gewagt, damals!" Und wieder ertönte das Heldenlied von der unbezwinglichen Frau aus der Vorzeit: „Die hat die ganze Arbeit nebenbei geschafft, und ganz allein!"

Das konnte mich nun gar nicht rühren. Aber gespannt, wenn auch mit Zweifeln, hörte ich der schwelgerischen Erzählung zu, wie schön, wie wunderschön damals die Kirche gewesen sei. Ich hatte St. Theresien noch kaum von innen gesehen, seit es mich hierher verschlagen hatte. Wenn man im Schatten einer der großartigsten romanischen Stiftskirchen von Westfalen aufgewachsen ist, wird man schwer heimisch in einem Bau der Fünfziger Jahre. So nüchtern, so kahl – schön war für mich anders.

Wie sollte einem da drin das Herz aufgehen, mit oder ohne Blumen?

Geschah mir ganz recht, dass ich bei solch ketzerischen Gedanken stolperte und fiel, über den Rest einer alten Beetumrandung. Als ich mich hochstützte, geriet mir etwas Blaues zwischen die Finger: eine winzige wilde Glockenblume, Campanula rotundifolia, dachte ich ... „Nichts für die Vase", lächelte Helena bitter. „Die darf man sowieso nicht pflücken", sagte ich unwillkürlich (mir hat man noch beigebracht, dass dann der Blitz einschlägt), „obwohl, Glocken wären ja wirklich was für die Kirche!"

Und ich dachte: Müssen es denn unbedingt Prachtstauden sein, die dauernd nach Pflege schreien? Glockenblumen wachsen schließlich von selber, sogar bei mir, der Halbschatten hier wäre ideal ... Ich könnte welche abgeben, man müsste die hohen nehmen, Campanula latifolia oder lactiflora, „und sagen Sie, Helena, hält sich Fingerhut in der Vase? Wie denken Sie über Goldfelberich?" Und ehe ich mich's versah, hatte ich mich erboten, ein paar Setzlinge vorbeizubringen. Doch, sicher, ich könnte auch gleich ein Plätzchen dafür freimachen irgendwo hier im Gras, nur eines, oder vielleicht zwei. Ja, versprochen, gleich morgen. Was war nur in mich gefahren?

So hat der Kirchgarten von St. Theresien neu begonnen. Und das nächste Fronleichnamsfest bereits war ein Glockenschwall in Blau und Lila und Weiß und Rosa!

19

Die kleine wilde Glockenblume von damals ist schon längst verschwunden. Aber die Stelle, wo sie wuchs, die spüre ich heute noch, wenn ich darüber gehe. Ich verstehe jetzt, wie es zu den vielen Legenden über fromme Gründungen kommt. Denn wo in alter Zeit eine Kirche, ein Kloster entsteht – in tiefster Wildnis, fern vom Weltgetriebe –, da geht ein Wunderzeichen voraus: Eine Stimme wird vernommen, ein Licht gesehen, ein Hirsch, ein Bär weist den Weg, ein Schneefall bezeichnet den Bauplatz.

Und dass durch den Ruf eines blauen Glöckleins eine gänzlich Unwillige und Unwürdige von ihrer Berufung ereilt wird wie von einem Blitz, ist das etwa kein Zeichen und Wunder?

Wollt ihr wohl nicht lachen, ihr andern, ihr habt es ja auch läuten hören, später, und seid gekommen und geblieben und habt mitgemacht. Ob unsere Kirche durch den Blumenschmuck nun schöner geworden ist? – Ach, schön, ist denn das überhaupt wichtig? Aber bestimmt sieht sie jetzt aus wie das blühende Leben selbst, und genau das ist sie ja. Und damit lässt sie manchmal vielleicht etwas ahnen von der himmlischen Herrlichkeit, die sich die Menschen seit jeher so gerne vorgestellt haben unter dem Bild eines Gartens.

WAS KRUMM IST, MACHT GERAD

St. KATHARINA, uns bestärk:
Verstand auch braucht's zu unserm Werk.

Wir stimmen ein in WINFRIEDs Ruhm,
doch hauen wir keine Eichen um.

Kalendersprüche aus dem Kirchgarten

KATHARINA von Alexandrien (Fest 25. November), legendäre Märtyrin aus dem 3. Jahrhundert,
Nothelferin. Sie besiegte im Disput 50 heidnische Philosophen; wird verehrt als Patronin der Universitäten.
Wichtiger Tag für den Bauernkalender.

BONIFATIUS / WINFRITH (Fest 5. Juni), 675-754. Märtyrer, angelsächsischer Missionar, „Apostel
Deutschlands"; er fällte bei Geismar die Donar geweihte Eiche und baute daraus eine Kapelle.

Wie entsteht aus einer Wildnis ein Garten? Man braucht Buschmesser, Hacke, Fräse ...? Der heilige Einsiedler Fiacrius, den die französischen Gärtner sich zum Patron gewählt haben, brauchte nur seinen Stab in die Erde zu stecken, und alsogleich begann der Wald ringsum zu blühen. War halt ein Heiliger!

Aber ein Stab ist schon ein gutes Werkzeug für die Pionierzeit, besonders solange man ganz allein ist. Es muss kein Bischofsstab oder Abtstab oder Pilgerstab sein. Auch kein Spatenstiel. Der für den Kirchgarten wichtigste Stab war damals ein Bleistift. Er existiert noch, zum Stummel abgebraucht. Ebenso museumsreif ist die zugehörige Kladde, erdig und regendurchweicht. Denn es zog mich in jedem freien Moment und bei jedem Wetter zu meinem neuen Aufgabengebiet, und beim Herumstromern kritzelte und zeichnete ich pausenlos. Was gab es nicht alles zu erkunden und zu bedenken: Wie groß war das Ganze überhaupt?

Gut 500 Quadratmeter, um Himmelswillen! Angrenzend Kirche, Kindergarten, Nachbarn, Wiese. Alte hohe Bäume rundum, alte kleinere auf dem Grundstück: Rotdorn, Sanddorn, Goldregen. Unter Vorhängen von grünem Gerank Zaubernuss, Zierquitte. Ein Cornus kousa, Rinde befressen – wohl Kaninchen. Pastor anrufen: Geld für Maschendraht? Enorme Horste von Iris sibirica, brauchbar für Blumenschmuck? Helena fragen. Eine verrostete Schere, eine Gießkanne, leck. Eigene mitbringen. Ein Stück Weg aus Betonplatten, die meisten kaputt, aber man könnte – könnte man nicht?

Und dann ein fliegendes Blatt, das einen goldenen Rahmen verdiente: darauf hastig skizziert das Rechteck des Grundstücks, mit Kreuz- und Querstrichen grob in weitere Rechtecke geteilt, und daneben drei Ausrufezeichen. Denn wirklich, das ist die Lösung gewesen: aufteilen den Garten, mit geraden Plattenwegen, in überschaubare, von allen Seiten bequem zugängliche Beete. Aufteilen auch die Arbeit, die Zeit, die Verantwortung. Und geteiltes Gärtnern ist halbe Plage und – was ich damals noch nicht ahnte – vervielfachte Freude!

Mancher, der heute unseren Kirchgarten besucht, meint verwundert: „Das hat was von einem mittelalterlichen Klostergarten." Meist ist es einfach die nüchterne Aufteilung, die diese Assoziation auslöst. So ähnlich, Rechteck bei Rechteck, sieht es in der Tat schon auf dem Klosterplan von St. Gallen aus, um 820, ebenso in den Hunderten von Gründungen des Mittelalters, die sich daran orientieren.

Auf diesem berühmten Plan sind die vielfältigen Aufgaben des Klosterlebens und die alltäglichen und spirituellen Bedürfnisse der Mönche genau bedacht. Also sind auch Gärten vorgesehen. Getrennte Bereiche für den Anbau von Gemüse und Obst, um die Gemeinschaft zu versorgen, ein weiterer, nahe der Krankenstube, für Heilpflanzen. Die Mitte der riesigen Anlage nimmt aber ein Garten anderer Art ein, meist nur mit Rasen begrünt, um den führt der Kreuzgang herum: ein Ort für die Kontemplation. Auch die Klostergärten spiegeln die weise Regel des „ora et labora".

Einen Blumengarten eigens fürs Schmücken gibt es in den Klöstern ursprünglich nicht. Unser Kirchgarten, dieser geistliche Nutzgarten, ähnelt den klösterlichen Nutzgärten allenfalls formal und auch nur sehr ungefähr, denn die auf dem Papier gerade gezogenen Linien sind am grünen Leibe der Erde oft wieder krumm geraten. Was will man denn machen, wenn ein alter Baum, der sich nicht mehr verpflanzen lässt, das Konzept stört? Hat er nicht Heimatrecht? Dann müssen eben die Beete und Wege ihm angepasst werden.

Mit der klösterlichen Atmosphäre hat es aber seine Richtigkeit. Das empfindet jeder Besucher. Wenn auch keine Mauer, schon gar kein Kreuzgang den Garten umschließt, so ist er doch „umfriedet", wie das schöne Wort sagt, in seiner Verborgenheit: Nur der Kirchturm schaut herein, und in seine Stille schlägt nur die Glocke.

Am Anfang ging es freilich nicht ohne Gewalt. Zwei Tage lang lärmte eine Firma, fuhr ein Laster Unmengen von Gehölzschnitt und verfilzten Ranken ab. Licht strömte herein, aber Wust blieb noch genug. So ist das, wenn man Kahlschlag und Fräse ablehnt. Ein Glück: Für die ersten Monate billigte der Kirchenvorstand dem Kirchgarten einen Helfer zu. Der war Ire – sehr passend: wie der heilige Fiacrius und die vielen anderen Missionare, die im frühen Mittelalter den geistlichen Boden Europas bereitet haben. Klein war er, drahtig, wildlockig, mit Bärenkräften und lustigen Augen. Leider verstand ich sein Deutsch nicht und er nicht mein Englisch. Aber wenn Andrew mir ohne Worte ein Werkzeug hinhielt, begriff ich und griff zu.

Viele Stunden in diesem Vorfrühling haben wir einträchtig schweigend nebeneinander gearbeitet. Es wird aber wohl niemand glauben, ich hätte mich plötzlich zu der Art Gärtnerei bekehrt, die aus Ackern und Rackern besteht. Immerhin hatte ich mich zu der Einsicht durchgerungen, dass in einem Garten, der Ertrag bringen soll, manches „Wildkraut" eben doch „Unkraut" ist und hinaus muss. Während Andrew im Schweiße seines Angesichts umgrub, Platten verlegte, Sträucher auslichtete, tief eingewachsene Stauden heraushebelte, teilte und versetzte, machte ich mich an den flächendeckenden Giersch, kämmte behutsam die weißen, heimtückisch brüchigen Wurzeln aus dem Boden, die nur darauf warten neu auszutreiben, erst mit der Grabegabel, dann mit den bloßen Fingern – eine Tat, deren ich mich rühme, wie jeder verstehen wird, der das einmal versucht hat! Dafür deckte ich die Teile des Gartens, um die wir uns noch monatelang nicht würden kümmern können, einfach so dick mit Zeitungen

zu, dass dort kein Hälmchen mehr wuchs (schön sah das nicht aus, aber wenigstens kirchenwürdig, weil die Bistumszeitung obenauf lag).

Einmal – aber nur ein einziges Mal – packte mich sogar richtige Lust am Jäten. Vielmehr, es war eine Erinnerung, die mich packte. Hatte ich doch als Kind vom Lande gelernt, an Gräben und Rainen Wildgemüse zu sammeln. Davon fand sich hier mehr als genug. Ich hob es auf fürs Mittagessen und bot Andrew schon einmal etwas Rohkost an. Der nahm beherzt einen Mund voll und gab einen wohlwollenden Laut von sich. Hingegen der Pastor (der von Zeit zu Zeit hereinsah, mit allen Zeichen von Respekt und Fluchtbereitschaft) versuchte eine Fingerspitze voll – keine zweite – und befand, das sei ein Akt der Askese. Womit er sogar Recht hatte, denn die „Grüne Suppe" verzehrt man traditionell am Gründonnerstag.

Volkstümlich wird behauptet – halb medizinisch, halb abergläubisch begründet –, dass man daraufhin das ganze Jahr gesund bleibt. Auf alle Fälle tun die jungen Blättchen gut, nach dem langen Winter. Mit Ei und Sahne verfeinert würde eine Delikatesse daraus, nicht aber eine Fastenspeise: Ein bisschen dünne Bouillon und ein Löffel Joghurt muss genügen, die Herbheit zu mildern. Was hineingehört? Unbedingt soll es die fromme Siebenzahl oder „Neunstärke" sein, so will es der Brauch; nehmen kann man etwa Giersch (er ist eben doch zu etwas gut), Löwenzahn, Schafgarbe, Wiesenschaumkraut, Gänseblümchen, Weidenröschen, Schlüsselblume, Lungenkraut, Sauerampfer, sogar Vogelmiere. Die früher so gelobte Brennnessel ist heute etwas in Verruf geraten (weil stark nitrathaltig), und ich warne Neugierige vor Gundermann, weil er, wie ich finde, extrem vorschmeckt.

Heute würden wir im Kirchgarten kaum genug zusammenbringen für einen Teller voll. Das sind die Folgen des Fleißes.

Der Neubeginn hatte Wochen gedauert. Dann kam der historische Augenblick der Ortsbegehung mit Helena.

Der Zaun war geflickt, das Pförtchen repariert. Der Garten war noch im Werden, aber er hatte bereits ein Gesicht: Die Struktur trat klar hervor, die ersten zergrubberten, dunkelbraunen Beete luden ein zum Säen und Pflanzen, und aus dem kahlen Boden piekten die unentbehrlichen Stäbe, lange, kurze: Zeichen für gerettete Stauden, Versprechen blühender Zukunft, obwohl der Anblick vorläufig eher an ein Slalomgelände erinnerte.

Auch die kirchliche Bestimmung des Gartens ließ sich schon erkennen. Denn die Beete waren, weithin lesbar, mit Namen von Heiligen bezeichnet, so wie in Benediktinerklöstern die Zellen. Hier sah man nun ein Beet St. Helena, dort eines St. Reinhildis, zu Ehren jener unvergessenen allerersten Gärtnerin, ein anderes namens St. Andrew, will sagen Andreas, und dort eines St. Ferdinand: Der Name unseres Pastors durfte nicht fehlen. Blumentöpfe, verkehrt herum aufgestellt, trugen diese geistlichen Flurnamen, und noch unbeschriftete Töpfe standen in Stapeln bereit – sie kämen bestimmt noch dran.

Und sie kamen dran: 41 Beete sind es heute, alle benannt nach den Patronen der Gärtnerinnen und Helfer und Freunde, die der Kirchgarten mit den Jahren gewonnen hat. Diese Parzellierung erweist sich als höchst praktisch für die Organisation. Allerdings als missverständlich für Nichteingeweihte – wisst ihr noch, wie einmal jemand über den Zaun ein Arbeitsgespräch mitbekam („Was hältst du von St. Josef? – Bringt nichts, da gehört erst mal Senf drauf") – bis wir das geklärt hatten!

Aber zurück zum Anfang. Unsere erste Besucherin stand sprachlos da. Dann stürzte sie von einem verloren geglaubten Schatz zum andern, begrüßte

jeden einzeln: „Der Stängel hier, das muss die rote Päonie sein, ach und der weiße Flieder, mit dem habe ich mal für eine Hochzeit geschmückt!" „Hier habe ich eine Rose gefunden", zeigte ich. „Sieht doch ganz kräftig aus?" Helena blickte verklärt: „Dass die noch da ist ... gerade die ... und einen so schönen Namen hat sie, der passt aber jetzt genau ..." „Und, der lautet?" „Eden!" Und ich durfte Lenchen zu ihr sagen.

Eden! Das ist nun so ein Wort, das einen nachts nicht schlafen lässt. Man muss aufstehen und nachlesen. Wie das im einzelnen war mit dem Paradies, diesem Garten, den der Schöpfer selber anlegte. Und ich las mit ganz neuen Augen, wie der große Gärtner vorging, wie sorgfältig er seinen Plan ausführte: „In der Mitte des Gartens aber pflanzte er den Baum des Lebens ..."

In der Mitte. Auf die sich alles bezieht ...

In alten Kirchen sah ich oft das Kreuz als Baum dargestellt. Als den Baum des Lebens, als die Mitte des Paradieses.

Wo war die Mitte, auf die der Kirchgarten sich beziehen sollte?

Am Morgen war ich früh mit meiner Kladde zur Stelle: „Look here, Andrew", sagte ich, „wir brauchen, just here ..." Und der Bleistift bohrte sich mitten in den Plan, so dass die Mine abbrach.

Aber unser Ire hatte schon verstanden. Er griff sich zwei Knüppel vom Gehölzschnitt, länger als er selber, band sie überquer zusammen, und plötzlich erhob sich inmitten der vielen Stäbe und Stöcke hoch der eine Stock und Stab, der Zuversicht gibt. Der Baum des Lebens war gepflanzt.

Geometrisch ist das Kreuz nicht ganz die Mitte des Kirchgartens. Aber sonst. Ganz und gar. Und wer sich heute bei uns umschaut, sagt: „Ein Paradies!"

KOMMT HER, ZU SEINEM DIENST EUCH STELLT

St. URSEL spricht: du Häuflein klein,
nur Mut, ihr müsst nicht elftausend sein.

Mit St. GERTRUD immerdar
beginnen wir fröhlich das Gartenjahr.

Kalendersprüche aus dem Kirchgarten

URSULA (Fest 21. Oktober), legendäre Kölner Märtyrin mit Gefolge von 11 000 Jungfrauen.

GERTRUD von Nivelles (Fest 17. März), 626-664, Tochter Pippins d.Ä., Äbtissin, Patronin der Gärtner.
Wichtiger Tag für den Bauernkalender.

Nun wird es Zeit, Ihnen die Gärtnerinnen vorzustellen. Aber wo steckt ihr denn wieder alle!

Es ist nämlich so: Im Kirchgarten scheint nie jemand da zu sein. Er sieht aus wie das Paradies vor der Erschaffung des Menschen. Doch nein, irgendjemand war am Werk. Vielleicht liegt im Gras noch ein vergessener Handschuh, vielleicht war eben noch auf den Plattenwegen energisches Fegen zu hören. Aber zu sehen ist nichts, als dass um die Ecke ein Rockzipfel davonweht oder in der Ferne ein Fahrrad entschwindet. Denn wir haben alle noch anderes zu tun. Eine muss vier baumlange Söhne sattkriegen, eine andere ein Dutzend Enkel beaufsichtigen. Ob eine stundenlang am Mikrofon sitzt oder Nachhilfe in Latein gibt oder sich caritativen Diensten widmet, keine hat zuviel Zeit. Dafür hat jede einen Schlüssel. Und irgendwann, irgendwie schafft es jede mal auf einen Sprung.

Jede hat ihren Bereich, den sie genau kennt und in eigener Verantwortung bearbeitet, und in den keine andere sich einmischt. Wenn das kein Prinzip ist,

das anlocken und festhalten kann! Wir sehen oft wochenlang voneinander nur die Spuren, und die sind allerdings unverkennbar. Der Kirchgarten ist geradezu ein Spiegelbild der Gärtnerinnen. Sechs sind wir zurzeit, und sechs Köpfe haben wir, sehr verschiedene. Keine ist eine „Gelernte". Keine hat den „grünen Daumen".

Entrüstete Zwischenrufe!

So ist das nämlich auch: Plötzlich sind wir alle gleichzeitig da, wie aus dem Boden gewachsen. Sehen Sie sich doch einfach im Kirchgarten um. Dabei lernen Sie uns am besten kennen.

Hier hätten wir einige Beete, um St. Odilia und St. Reinhildis herum, die sind säuberlich gehackt und geharkt, die Einsaaten schnurgerade: So ist es Anna vom elterlichen Hof her gewöhnt. Daneben, im Bezirk St. Irmgard und St. Barbara, deckt Mulch den Boden, und ein Vorrat von Stäben und Bast für akkurates Aufbinden ist angelegt: Adele hat Ordnung im kleinen Finger. Dort sehen

Sie St. Ulrich, St. Bonifatius und St. Thomas, fein abgestuft in Höhen und Farben: An Dorothea ist eine Gartenarchitektin verlorengegangen. Dafür herrscht auf St. Andreas, St. Franziskus und St. Gottfried ein Gewirr von Selbstaussaaten – das ist natürlich mein Gebiet. Wieso sich bei mir nur immer Schöllkraut und Weidenröschen einfinden? Auf St. Maria und St. Helena könnten die sich nie durchsetzen, aber was genau es ist, was dort wohlgepflegt gedeiht, kann selbst Christiane Ihnen möglicherweise nicht sagen. Denn ihr laufen Ableger und Samen gewissermaßen zu, aber selten mit Etikett, und es bringt immer wieder Spannung zu ermitteln, welcher Name ihnen gebührt. Schließlich hier, auf St. Sabina und Regina und Katharina und wievielen noch, entfaltet sich der üppigste Flor: Stauden und Sommerblumen, Anspruchsvolles und Robustes, in glücklicher Nachbarschaft. Dabei besaß Heike bisher nur einen Blumentopf vor dem Küchenfenster – den „grünen Daumen" gibt es offenbar doch.

Ein kurioses Nebeneinander? Ja, schon. Aber noch mehr ein Miteinander. Längst zeichnet sich so etwas wie eine Ökumene der gärtnerischen Glaubensbekenntnisse ab. Es kommt vor, dass ich mir für meine Beete Pflanzen ausbitte, die von den anderen großgezogen wurden (wenn die nun mal besser sind in „Babypflege"!). Dafür lassen auch die Korrektesten unter uns jetzt einigen Wildlingen Narrenfreiheit – Akelei, Fingerhut, Vexiernelke tummeln sich, wohin man sieht.

Keine von uns privatisiert vor sich hin. Wir haben unsere gemeinsame Aufgabe, und wir halten uns bei aller Freiheit der Arbeitsweise und Gestaltung an das gemeinsame Konzept. Wir haben Statuten. Ein paar nüchterne Regeln wurden zu Anfang aufgestellt: Alles abschließen! Licht ausschalten! Nachrichten auf der Schiefertafel beachten! Aber das sind Kinkerlitzchen, die wir längst auswendig können; unser Kirchgarten-Grundgesetzbuch verstaubt im Werkzeugkeller.

Stets gegenwärtig war und ist uns allen aber unser erstes und oberstes Gebot: „Bei aller Arbeit nicht vergessen – ab und zu singen, pfeifen, lachen oder sonst wie Gott loben!" Und das befolgen wir, ohne nachlesen zu müssen, ob allein oder gemeinsam, mit Inbrunst.

Eines Tages standen wir im Museum vor einem barocken Kupferstich: „Unsere Idee!", staunte Christiane, und Dorothea rechnete nach: „Seit rund 900 Jahren!" So lange besteht der Kartäuserorden, dessen Allegorie wir vor uns hatten, diese einzigartige Verbindung von Gemeinschaft und Abgrenzung. Bei den Kartäusern gehen vom Kreuzgang lauter Einsiedlerzellen ab, und zu jeder gehört ein eigenes Gärtchen, das zu bebauen Askese und Gebet bedeutet. Im Bild war diese geistliche Lebensform dargestellt als ein großer Garten mit vielen Beeten, darauf jeweils eine einzelne Gestalt bei der Arbeit. Jede aber hat ihren eigenen Engel neben sich, der ihr zeigt, was gerade sie, gerade jetzt, tun soll, „zum Beispiel Disteln rausziehen", meinte Heike und blinzelte mir zu.

Damit aber das Ganze mehr wird als die Summe seiner Teile, tun wir sechs Selbstständigen uns doch manchmal zusammen, und wenn wir dafür unsere Terminkalender noch so sehr verbiegen müssen. Da wird die Bepflanzung festgelegt, werden Beobachtungen ausgetauscht, Kataloge gewälzt: Was mit einer Schere bezeichnet ist, soll sich zum Schnitt eignen. Ob aber auch für die Kirche? Die Grundlage für Organisation und Bebauung war und ist der Gartenplan. Daraus ersieht man alles: unsere jeweiligen Arbeitsgebiete, Sonne und

Schatten, die geeigneten Plätze für Dahlien, die Stellen, wo wir letztes Jahr die grünblütigen Tulpen gesteckt haben, und wer diesmal die Aussaat vom Goldlack übernimmt. Bei solchen Treffen kommt die Mitgift, die jede Einzelne einbringt, die ganze Palette unserer Möglichkeiten voll zum Einsatz. Manches besondere Geschick zum Pflegen, zum Wirtschaften, zum Managen, auch zu Geduld und Diplomatie haben wir überhaupt erst als Kirchgärtnerinnen an uns entdeckt. War nicht neulich in der Predigt die Rede von den unverhofften Gnadengaben?

Was für Schlachten haben wir schon gemeinsam geschlagen! Gemeinsam bezwangen wir ein gigantisches Chinaschilf, das ein Viertel des Gartens einnahm und dem laut Auskunft aller Experten nur mit „bergmännischem Abbau" beizukommen sein sollte – erinnert ihr euch, er wurzelte wirklich im Mittelpunkt der Erde. Gemeinsam zogen wir gegen die grandiose aber fürchterliche Herkulesstaude aus, in einer Art Ritterrüstung, um gegen die Allergie auslösende Berührung geschützt zu sein. Unseren Urfeind, den Giersch, zu bekämpfen überließen wir einfach den Kartoffeln, die wir ihm auf den Kopf gesetzt hatten: Binnen zwei Jahren nahm er Reißaus (jetzt müssen wir nur manchmal ein übriggebliebenes Kartöffelchen zwischen den Rittersporen jäten). Dafür sind wir zurzeit mal wieder verabredet, um der Schuttkarde zu wehren, so gern wir sie im Blumenschmuck der Kirche sehen; harmlos primelartig kommt sie daher und wächst sich zu einer Art Affenbrotbaum aus. Dann kann man uns allesamt auf Knien rutschen sehen, ich höre schon Adele anstimmen: „Hier liegt vor deiner Majestät / Im Staub die Christenheit ..."

Die jungen Eichen und Ahorne aber, die darauf lauern, unseren Garten zurückzuerobern, finden wir oft schon ausgerissen und gebündelt: Das macht Anna locker vor der Frühmesse (mit zweiundachtzig Jahren; so sind wir in Westfalen).

Und wer setzt den Kompost um, wer schließt die Regentonnen an, wer kommt mit Stemmeisen und Säge angerückt, wer schleppt und baut? Das Hochbeet zum Beispiel, nein, das hätten wir nicht allein geschafft. Hoch leben unsere Männer, Söhne, Nachbarn! Immer wieder dürfen wir auf sie zählen.

Wir sind tatsächlich so etwas wie eine Zunft geworden. Eine Zunft, das heißt: eine Berufsvereinigung, solide, sozial, selbstbewusst. Das Mittelalter hat eine große Anzahl davon hervorgebracht, und sie alle haben sich über Jahrhunderte mit reichen Bräuchen im bürgerlichen und auch im kirchlichen Leben dokumentiert. Vor allem bei den feierlichen Umgängen zu Fronleichnam: Im katholischen Westen und Süden Deutschlands stellten sie dabei den Hauptteil. Ha, wenn wir solch eine Zunftfahne besäßen, mit Samtapplikationen und goldenen Quasten, oder ein paar der prächtigen Prozessionsstäbe, wie wollten wir mitmarschieren in unserem besten Staat und mal so richtig zeigen, wer wir sind!

Der Höhepunkt des festlichen und geselligen Brauchs war stets der Jahrestag des Zunftpatrons. Sein Bildnis wurde bekränzt, und man aß und trank gewaltig zu seinen Ehren. Ganz so müssen wir es ja nicht machen. Aber die Gelegenheit, uns endlich einmal alle zu treffen, nehmen wir gerne wahr.

Patrone der Gärtner gibt es viele, darunter aber so manche, die man nicht mehr oder doch hierzulande nicht kennt. Da gibt es, im frühesten Christentum, den Gänsehirten Tryphon aus Phrygien, und um 400 einen gewissen Phokas aus der heutigen Türkei. Der war tatsächlich von Beruf Gärtner. Maria Magdalena, weil sie dem Herrn im Garten begegnete. Das ist zu verstehen. Ebenso Dorothea, die Nothelferin mit dem Blumenkörbchen. Andere sind manchmal über recht krumme Gedankengänge an ihr Ressort geraten. Wieso zum Beispiel Sebastian, der doch römischer Offizier war? Deshalb, weil er bei seinem Martyrium an einen Baum gebunden war. Und über die Heiligkeit und entsprechende Schutzkraft von Adam und Eva ließe sich ja wohl streiten.

Wir halten uns an die in Mitteleuropa volkstümlichste Gestalt. „17. März – St. Gertrud ist die erste Gärtnerin", das zitieren sogar Leute, die weder von Heiligen noch vom Gärtnern eine Ahnung haben.

Wie kommt nun eine Ordensfrau von höchstem Rang, eine merowingische Fürstentochter, zu diesem Patronat? Die Legende erzählt: Einst wollte der Teufel sie beim Spinnen – das heißt bei einem meditativen Tun – „zur Ungeduld versuchen". Also erschien er ihr, was besonders raffiniert von ihm war, als Maus. Aber weit entfernt, auf einen Stuhl zu klettern, blieb St. Gertrud ihrer Arbeit und Andacht hingegeben. Darum wird sie so dargestellt, dass an ihrem Äbtissinnenstab ein paar von den Grautierchen herumturnen, gezähmt und niedlich. Weil nun aber Wühlmäuse zu den Erzfeinden des Gartens gehören, so ruft die Gärtnerzunft natürlich eine Heilige zu Hilfe, die sich davor nicht graut.

Jemandes „Minne" (was ursprünglich heißt: sein Gedenken) zu trinken, ist seit je üblich. Die Minne von Heiligen zu trinken war ein Brauch im späten Mittelalter, der begreiflicherweise entartete und von der Kirche mit Unbehagen gesehen war, noch ehe Luther dagegen wetterte. Die Gertrudenminne hielt sich besonders lange, weil sie obligatorisch zu jedem Abschied gehörte. Denn da St. Gertrud auch als Patronin für einen guten Tod galt, so nahm man vorsichtshalber zu ihren Ehren „noch einen auf den Weg".

Wir haben diesen Brauch, mit anderem Sinn, in unser Zunftfest einbezogen. Die Menschen nehmen eben gern einen frommen Anlass zum Vorwand für einen guten Schluck.

Seinerzeit hätten wir unsere eigene getäfelte Stube gehabt, für Zusammenkünfte aller Art – immer vorausgesetzt, wir wären eine wohlhabende Zunft gewesen –, und außen am Haus hätte ein Aushängeschild mit unserem Wappen geprangt. Eigens angefertigte Zunftkannen mit weltlichem und geistlichem Zierat – also bestimmt mit St. Gertruds Bild, dazu Rechen und Spaten überkreuz, inmitten von Girlanden – würden bereitstehen, so schwer, dass man sie mühsam über den Tisch ziehen müsste, dazu Zunftkrüge aus Zinn oder bemaltem Glas, auch sie möglichst kunstvoll gearbeitet, um mit den pompösen silbernen Ratshumpen zu konkurrieren, und ebenfalls von verdächtigem Fassungsvermögen. Desgleichen der „Willkomm": Der kann nicht gerade leicht zu heben gewesen sein, der Riesenkelch, aus dem alle Zunftmitglieder reihum tranken, wenn jemand neu aufgenommen wurde.

Hingegen wenn wir traditionsgemäß „einen heben", so nippen wir zierlich an krokusgroßen Pinnchen. Mehr würde uns auch schlecht bekommen: Aufgesetzter steigt zu Kopfe. Aber köstlich ist er, der unsrige, und eigenes Gewächs, versteht sich. Sie möchten probieren? Bedaure, da müssen Sie erst für den Kirchgarten etwas tun, umgraben oder Pflanzen setzen oder etwas stiften, dann werden Sie zum 17. März eingeladen!

Das Rezept ist aber kein Geheimnis. Wir nehmen die Früchte der Zierquitte auf St. Elisabeth, wo sie besonders groß werden, dazu Kandis und den guten Münsterländer „Kloaren" von nur 32 Prozent, zu gleichen Teilen, falls man nicht mit weniger Süße auskommt. Das ist alles – kein Gewürz der Welt könnte etwas daran verbessern. Überdies, die Rückstände erweisen sich, wenn man sie zur Konsistenz von Gummibärchen trocknen lässt, als ein Konfekt, das nach gar nichts aussieht, aber im Geschmack, wie ein Gast erklärte, „paradiesisch" ist.

Die Gärtner gehörten nie zu den bedeutenden, beherrschenden Zünften, gelegentlich mussten sie sich sogar mit einem anderen Berufsstand zusammenschließen, hatten dann auch die Trinkstube gemeinsam.

Wir heute in St. Theresien, wir mögen gar keine Stube. Wir treffen uns im Kirchgarten, gleich ob es regnet oder wir beinahe anfrieren. Dann stehen wir am Beet St. Gertrud, wo das große rote Herz postiert ist, das wir auf dem Flohmarkt entdeckt haben, die Gärtnerinnen als der innerste Kreis, die Freunde und Helfer rundum – darunter unser Pastor, der getreulich als Mundschenk waltet.

Zu einem rechtschaffenen Brauch darf natürlich ein zünftig Sprüchlein nicht fehlen. Gereimt und etwas umständlich, so wäre es gute alte Handwerksweise. Ich fände das ja lustig, aber man lässt mich nicht, obwohl ich, als die Erstberufene, das Amt der Zunftmeisterin bekleide – wir sind eine demokratische Institution. Also sagt jemand die plattdeutsche Bauernregel auf (nicht ich, weil nur Eingeborene sie über die Zunge bringen): „Sünte Giärderuut – / Plöge unn Eggen uut de Ecken heruut, / Schüppen in'n Goaren!" (St. Gertrud – / Pflüge und Eggen aus den Ecken heraus, / Schaufeln in den Garten!)

Daraufhin begnüge ich mich mit einer zeitgemäß knappen Rede: „Danke fürs vorige Gartenjahr – auf ein Neues denn, St. Gertruds Minne, prost!"

31

Anschließend wird gemeinsam der Garten begangen: Wo schauen Narzissen heraus, werden sie pünktlich zu Ostern blühen oder schon an der Frühlingssonne verbrannt sein? Wie merkwürdig aber, dass überall Schneeglöckchen auftauchen, auch Winterling und Krokus, obwohl die doch für den Kirchenschmuck kaum taugen. Hatten wir doch ursprünglich beschlossen (gemeinsam, bitte!), dass wir reine Zweckmäßigkeit betreiben und uns mit Verschönerungen nicht aufhalten wollten. Wie sie unschuldig dreinblicken, die Gärtnerinnen ...

Von drei Gästen muss noch die Rede sein.

Erstens begrüßen wir, wie könnte es anders sein, Helena, mit höchsten Ehren.

Zweitens ist da Andrew, auch nach Jahren noch. Und noch immer macht er energisch deutlich, dass der 17. März eigentlich „St. Patrick's Day" sei, zumindest bei ihm zu Hause, auf der grünen Insel. Und er bückt sich nach einem „shamrock" und steckt es an die Jacke, wie das jeder gute Ire am Nationalfeiertag tut. Es ist das Kleeblatt, das ganz gewöhnliche: Damit hat der heilige Patrick seinen hartköpfigen Kelten den Begriff der Dreifaltigkeit anschaulich gemacht, und somit ist es viel kostbarer als der vierblättrige aber nur profane Glücksbringer.

Und drittens: Wir denken an Gerda, eine der ersten Stifterinnen. Wie vergnügt und ein bisschen stolz, als die damals einzige Namensträgerin, hat sie sich immer gratulieren lassen! Eines Tages konnte sie nicht mehr kommen, da kam der Kirchgarten zu ihr, unser Sträußchen hat sie noch gefreut. Und auch dies ist Brauch und Verpflichtung einer Zunft: Wer je dazugehört hat, wird nicht vergessen. Minne, Gedenken, das drückt sich auch so aus: Herr, lass sie ruhen in deinem Frieden.

KOMMT HER, IHR KREATUREN ALL

Wir halten ein Stücklein Welt in Hut –
Bitt, HEINRICH, dass wir's machen gut.

Dass unser Garten ein Lobgesang sei,
FRANZ von Assisi, steh uns bei.

Kalendersprüche aus dem Kirchgarten

HEINRICH II. (Fest 13. Juli), 973-1024. Kaiser des Heiligen Römischen Reiches Deutscher Nation und als solcher ein treuer Sachwalter.

FRANZISKUS von Assisi (Fest 3. Oktober), 1181-1226. Ordensgründer. Freund der Tiere, Dichter des Sonnengesangs. Patron des Umweltschutzes.

Gleich am Eingang des Kirchgartens ist das Beet St. Franziskus gelegen. Damit wir uns ständig daran erinnern, was wir auf unsere Fahnen geschrieben haben: Wir wollen „unsere Schwester Erde" – so nennt sie Franz von Assisi – liebevoll behandeln. Mit Dank annehmen, was sie uns schenkt, nicht sie zwingen. Kurz, nicht gegen sie gärtnern, sondern mit ihr.

Bei aller Verschiedenheit unserer Köpfe – in diesem einen Punkt waren wir von Anfang an einig. Also keine chemische Keule. Also fort mit den Säcken voll bedenklicher Mittel, die wir im Keller der Kirche gefunden hatten (wobei unser guter Wille sofort auf die Probe gestellt wurde: Städtische Entsorgungsstellen sind grundsätzlich entmutigend weit weg).

Bodenpflege, so hieß das Gebot der ersten Stunde. Was galt es da nicht alles zu lernen! Große Partien des Gartens bestanden aus etwas Lehmigem, das Gutes zu werden versprach. Dort ist heute die Erde herrlich schwarz, wie Pumpernickel, zum Reinbeißen. Aber manche der hoffnungsfroh angelegten Beete blieben undurchdringlich für Spaten und Gabel: Dort lagerte Bauschutt aus den Anfängen unserer Kirche. Am längsten rätselten und laborierten wir an dem Beet St. Beatus. Darunter kam ein Fundament aus Beton zutage. Wozu mochte das bloß gegossen worden sein? Für einen Stall war es zu klein. Alte Leute aus der Nachbarschaft entsannen sich plötzlich, mit Schrecken: Hier war eine Flak-Stellung aufgebaut. – Dass wir so etwas im Kirchgarten haben müssen! Aber Schwester Erde wird mit solchen Erinnerungen fertig. Unvermerkt baut sie eine Schicht darüber auf, dünnhäutig erst, aber wenigstens Ringelblumen und Fingerhut und andere Anspruchslose können schon darin leben. Die säen wir also aus, überlassen sie ihrem Wachsen und Vergehen, in dem Humus, der allmählich höher wird. Und was davon in die Vasen unserer Kirche gelangt, wird doch wohl freundlichere Gedanken wecken.

Damals, in den Anfängen, waren Biofibeln unser aller ausschließliche Lektüre. Kompost muss herbei! Der unsrige reichte bei weitem nicht. Wir bettelten alle Nachbarn an, und bald sah die erstaunte Gemeinde eine Prozession von Schubkarren zur Kirche wallen. Aber es reichte noch immer nicht.

Ganze Teile des Gartens hatten wir gelehrig sofort mit Gründüngung eingesät, mit Senf, Phazelia, Ölrettich. Wir wussten ja, so würde der Boden locker und fruchtbar werden, wir malten uns aus, wie unterirdisch die Regenwürmer und Asseln und Bodenmikroben ihre Arbeit aufnähmen, und wir freuten uns, wie es oben drüber schwirrte und summte. Nur – ach, ein ganzes Jahr Geduld haben zu müssen, bis zum Pflanzen!

Nun sind Boden- wie Weltverbesserer ja findig. Ab sofort begann unsere Tätigkeit für den Kirchgarten zu Hause am Frühstückstisch: Jeden Löffel Teeblätter hoben wir auf (Saures für die Azaleen!), jede Bananenschale (Magnesium für die Rosen!). Kaffeesatz und Eierschalen schenkte uns der Kantinenchef der nahe gelegenen Katholischen Akademie eimerweise. Wenn wir nun noch Pferdeäpfel hätten – im Zoo gibt es doch Zebras! Einzig dass wir nicht wussten, wo wir eine Miete hätten anlegen sollen und dass Pferdeäpfel geschlagene zwei Jahre rotten müssen, hielt unseren Unternehmungsgeist im Zaum.

Aber „Wo kein Mistus, da auch kein Christus!" sagt herzhaft ein Bauernsprichwort. Daraufhin wagte ich mich an Brennnesseljauche. Herzustellen ist sie ja kinderleicht: Man nehme irgendeinen soliden Bottich (nur nicht aus Metall), halbvoll mit Nesseln, Wasser rein, Deckel drauf, Luft dran, öfters umrühren, fertig in zwei Wochen. Mich faszinierte der alchemistische Prozess, das Gären, das Schäumen, das verheißungsvolle Dunkelwerden. Nur das Zwischenstadium war schwer zu ertragen, vor allem das allgemeine

Klagen und Spotten und Nasezuhalten. Auch musste ich erst einmal begreifen, warum man keine Samen tragenden Pflanzen verwenden soll. Denn die Samen hat der Schöpfer fürsorglich mit einer Schutzhülle ausgestattet, damit kein Vergären ihnen etwas anhaben möge. Plötzlich sprossen nach dem Ausbringen der Jauche überall zierliche kleine Nesselchen. Fast schien es, als sollten wir unseren eben erst urbar gemachten Boden wieder an die Wildnis verlieren. Das Vertrauen in die ökologischen Methoden – das heißt, speziell in meine – geriet doch etwas ins Wanken.

Dann aber stellte ich vergnügt fest, dass der Pegel im Bottich unverkennbar sank. Außerdem gediehen die Dahlien und Rittersporne auf St. Sabina ganz auffallend. „Das kommt nur von meinen Hornspänen", ruft Heike, aber sie lacht verräterisch dabei. Seit damals habe ich bestimmt Hektoliter der heilbringenden Flüssigkeit bereitet, denn das „Jauchzen aller Lande", um es kirchengemäß auszudrücken, wurde tatsächlich Prinzip. Zumal wir jetzt heraushaben, dass der penetrante Geruch sich mit Zugaben von Steinmehl bändigen lässt, und nun riecht es im Sommer bei uns wieder nach Phlox und Geißblatt, wie es sein soll. Unerwartet habe ich mir auf diese Weise ein Renommee als Fachfrau erworben. Einmal, als in einer Plastikgießkanne das Wasser eindeutig rostig wurde, fragte Dorothea ehrerbietig, wofür ich Eisenlösung angesetzt hätte. Aber die Ursache war nur ein längst vermisster Schlüssel.

Ob man den Boden hacken oder bedecken soll? Hier schieden sich sofort wieder die Geister.

Ich plädierte für Mulchen. Das sei schließlich Bodenkompostierung, schon im Mittelalter praktiziert und heute wieder entdeckt. Trotz Helenas Weherufen („du bist bloß zu faul zum Jäten") haben wir mancherlei erprobt: trockenen Grasschnitt, Stroh vom Bauern (sonderbar nach Stall aussehend und dabei ohne Nährwert), Sägemehl vom Tischler (das pappt und klumpt, und als Sperre gegen Schnecken nützt es nach dem ersten Regen nichts mehr). Am liebsten verwenden wir jetzt, auch zwischen Prachtstauden, welkes Laub, das wir in großen Schütten gesammelt haben und das im Verrotten angenehm erdhaft wirkt

und riecht. Aber Erfahrung lehrte uns auch, dass alle Übertreibung schadet, und dass tatsächlich, wie die Gartenbücher lehren, manche Stauden auf „freizuhaltendem Boden" bestehen.

Das Hauptargument dagegen blieb die Unordentlichkeit des Anblicks. Aber man kann's ja auch schöner machen. Inzwischen haben auch die Empfindlicheren unter uns ihre Beete immer mehr grün und bunt bepelzt, mit Studentenblumen und Ringelblumen und Kapuzinerkresse, wir tauschen untereinander Sämlinge, und allmählich tritt eine gewisse Familienähnlichkeit der Beete wie der Gärtnerinnen zutage.

Eine Folge unserer Biogärtnerei war natürlich der Zuzug von allerlei Getier. Ach, aber es gibt wirklich „des Herrn und des Teufels Getier", wie die Brüder Grimm sagen. Jedenfalls können wir Gärtnerinnen nicht umhin, insgeheim in solchen menschlich-egoistischen Rubriken zu denken.

In einem nassen Jahr wurde auch der Kirchgarten von einer Plage ägyptischen Ausmaßes heimgesucht. Wie hatten wir uns geehrt gefühlt, als die ersten Weinbergschnecken bei uns auftauchten. Die sind geschützt, und obendrein, wer hätte das gedacht, ein christliches Symbol. (Ist ja aber klar, für die Auferstehung: wegen des Hervortretens aus dem verschlossenen Gehäuse, wie aus dem versiegelten Grab.) Außerdem heißt es, dass sie sich, wie die anderen netten Häuschenträgerinnen, redlich nur von Verwelktem nähren. Somit sind sie in jeder Weise die richtigen Haustiere für einen Kirchgarten. Aber jetzt waren es deren Cousinen, die uns überfielen, die nackten, hemmungslosen, mörderischen. Da seufzt auch die frömmste Gärtnerin: Warum nur musste dieses Gewürm, wenn es denn schon so langsam ist, die Arche vor der Abfahrt noch erreichen?

Wir probierten fast alle alten und neuen Ratschläge aus, uns ohne Gift zu wehren. Salz allerdings –

nein, das ist barbarisch. Und die vielgerühmten Bierfallen gaben wir bald auf, weil sie die Bestien von weither anziehen. Sie also über den Zaun zum Nachbarn setzen? – Nein, das ist kriminell.

Aber auch unser Igel, so laut wir ihn hinter dem Totholzhaufen schmatzen hörten, kam gegen dies Überangebot nicht an. Die braunen, zugewanderten spanischen schien er überhaupt zu verschmähen – die schmecken bitter, lesen wir erstaunt (da muss doch jemand gekostet haben?!). Eine einzige Tierart soll es geben, die Schnecken mit Wonne nonstop verzehrt. Was allerdings die Zentralrendantur sagen würde, wenn bei der Jahresabrechnung ein Posten erschiene „Item, ein Pärlein indischer Laufenten für St. Theresien"!

Doch dann stellte sich heraus, dass wir eine Geheimwaffe besaßen: nämlich Heike. Sie ging den Scheusalen buchstäblich zu Leibe, sammelte sie mit bloßen, wenn auch spitzen Fingern ab, wobei wir anderen schaudernd zusahen. Zum Scherz begannen wir eine Strichliste, die aber im Ernst wuchs und wuchs – auf sage und schreibe viertausend. All diese Trophäen trug Heike

liebevoll zum Aasee, wo sie sie freiließ; dort erschrecken sie vermutlich heute noch die Jogger. Der Kirchgarten aber ist seither tatsächlich so gut wie schneckenfrei. Die wenigen letzten Exemplare kriechen bevorzugt unter die Blumentöpfe mit den Heiligennamen, wo ihnen leicht beizukommen ist; wie doch unser geistliches Konzept immer wieder der Praxis dient! Damit stehen wir allerdings vor dem Dilemma des Umbringenmüssens ... Unserer Heike aber ist der Ehrentitel verblieben: „kirchlich geprüfte Großwildjägerin".

Sonst haben wir nicht sehr viele der (sogenannten) Schädlinge. Offenbar hat es sich bei den (sogenannten) Nützlingen herumgesprochen, dass im Kirchgarten Lebensqualität zu finden ist. Marienkäfer und Florfliegen – wo kommen sie nur alle her? – kümmern sich um die Blattläuse, und das, obwohl sie mit unseren anderen fleißigen Mitarbeitern teilen müssen: Wir entdecken bei jedem Laubfall neue Nester im Gestrüpp der Kletterhortensien und im Efeu. Gut, dass bei der Herrichtung des Gartens keine Tabula rasa verbrochen wurde! Wir unterscheiden sechzehn Vogelarten, die können ja unmöglich alle bei uns wohnen. Aber sie zeigen ausgesprochene Besitzermiene, jedenfalls lassen sie sich von uns nicht stören. Das Rotkehlchen besonders verbindet unser Wirken offenbar mit nahrhaften Vorstellungen und leistet uns erwartungsvoll Gesellschaft. In der tiefen Tonschale planscht immer etwas – wir würden aber auch nie das Nachfüllen versäumen – und der Meisenkasten, eigens für die kleinen schwächeren Arten, ist alljährlich beflogen. Einmal allerdings von Wespen – ebenfalls Nützlinge, nun ja.

Dass wir keine reguläre Winterfütterung anbieten, wird uns offenbar nicht übelgenommen. Es ist auch nicht notwendig: Wir lassen einen großen Teil der Samenstände stehen. Nur ein Büschel Getreide, vom Erntedankgottesdienst übriggeblieben, hängen wir an die Blutpflaume auf St. Franziskus.

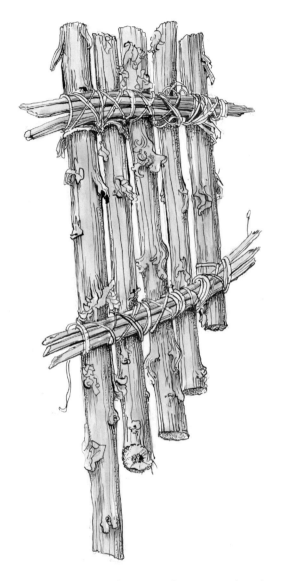

da große und kleine Blöcke von festem Holz, mit Bohrlöchern, die in Tiefe und Durchmesser verschieden sind (hat der Josef gemacht, danke, Josef!). Es handelt sich um ein Wohnviertel für die vielen verschiedenartigen Wildbienen, die im Naturhaushalt so sehr wichtig sind, aber in den modernen wohlgepflegten Gärten kaum noch ein Unterkommen finden. Eifrig beobachten wir, ob nicht schon einige der Stängel angebohrt, ein paar Löcher zugedeckelt, also als Kinderstube angenommen sind.

Konflikte freilich sind damit vorprogrammiert. Denn eines Morgens fanden wir sämtliche Appartements in Splittern, die Larven und Maden waren verschwunden: Ein Specht war der Meinung gewesen, es handle sich um ein Selbstbedienungsbuffet. Da kommt man doch in seelische Nöte angesichts des Gesetzes, dass eins vom andern lebt. Durften wir uns überhaupt einmischen? Wäre es nicht eine Gemeinheit, den fleißigen Zimmermann und seine Küken um die Nahrung zu bringen, indem wir ihm den Zugang künftig mit Maschendraht verwehrten? Wir hörten den Specht lachen, es klang uns diabolisch, aber er hat ja wohl einfach diese blecherne Stimme. Teilen, dachten wir wieder einmal. Und seither hängen wir wenigstens einige der einladendsten Stängel vor Attacken gesichert auf.

War es nur ein skurriler Einfall, diese Stängel nicht wie sonst bloß zu bündeln, sondern aneinandergereiht zu binden, abgestuft von lang bis kurz, so dass die Form der Panflöte entstand? Den Wildbienen nützt das weiter nicht, blasen kann man auch nicht darauf. Oder hatte da etwas vom Wesen des heiligen Franziskus auf uns abgefärbt? Es heißt, er konnte plötzlich einen abgebrochenen Zweig an seine Schulter lehnen als wär's eine Fiedel, und versunken darüber hin streichen, horchend und lächelnd: Er, der „Spielmann Gottes", vernahm ja das Musizieren in allem Geschaffenen. Und unser Kirchgarten

Auch zur Mahnung für uns selber: Es reicht schon für alle, wenn man richtig teilt, hier wie sonst in der Welt.

Die Blutpflaume ist mit noch anderen guten Sachen bestückt. Da sind Konservendosen, dicht gefüllt mit Stängeln, hohlen vom Rittersporn, markhaltigen von Königskerze oder Sonnenblume. Dann sind

– ist er nicht wahrhaftig ein Instrument, das dem Herrn spielt? Da wird denn ganz von selber, wie der Psalmist singt und Luther klangvoll übersetzt, „unser Mund voll Lachens …"

Es lässt sich übrigens nicht leugnen: Seit St. Theresien den Kirchgarten hat, kommt es viel häufiger vor, dass der Gottesdienst von geflügelten Wesen belebt wird. Gemeint sind nicht die Cherubim und Seraphim.

Oft sind es Schmetterlinge, die volltrunken an einer Rispe etwa vom Schneefelberich geklammert haben und den Umzug vom Beet in die Vase nicht bemerken, bis sie im Kerzenlicht munter werden. Einmal, bei einem Kirchenkonzert, fielen ständig die Basstöne aus: Der Posaunist nämlich, durch sein Instrument behindert, konnte das Pfauenauge nicht verscheuchen, das geruhsam über seine Noten wanderte. Auch Hummeln und Schwebfliegen sind häufige Gäste. Im 19. Jahrhundert wurde als Argument für einen Schmuck aus künstlichen Blumen – zum Glück erfolglos – angeführt, dass damit „Ungeziefer" im Kirchenraum zu vermeiden sei. Aber man braucht ja nur die weise jahrhundertealte Vorschrift zu befolgen, laut welcher Kelch und Kännchen sorgsam abzudecken sind, „auf dass der Wein nicht verunehrt werde." Irgendwann, irgendwo sitzt all das Getier mutlos still. Dann kann man es leicht in die hohlen Hände nehmen und hat die Freude mitzuerleben, wie es verwirrt aber glücklich hinaustaumelt in den Raum, der sich zu seiner Weise des Gotteslobs besser eignet, in den Garten. Schwieriger wird es, wenn Vögel den Insekten in die Kirche gefolgt sind. Ihnen erfolgreich zu predigen, war offenbar nur dem heiligen Franziskus gegeben. Auf den Küster hören sie nicht.

Das Biogärtnern auf so kleinem Raum, ist das denn sinnvoll?, kann man fragen. Wir wissen doch, dass der saure Regen auf unsere paar Quadratmeter herniedergeht wie überall, dass die Klimakatastrophe weltweit angerollt kommt. Erliegen wir nicht einem Selbstbetrug?

Nein. Nein! Wir ziehen uns ja nicht in die Idylle zurück, blind oder mürrisch oder verzagt. Im Gegenteil. Wir halten es mit dem Gartenphilosophen Jürgen Dahl, der in dem „großen Krieg gegen die Natur" alle Gärtner zu „Widersetzlichkeit, Partisanentum" aufruft. Ins Christliche übersetzt heißt das wieder einmal: Zeugnis geben. Diesmal also für den verantwortlichen Umgang mit der Schöpfung, gegen eine Welt voller Gleichgültigkeit. Am noch so kleinen Beispiel, in unserem bisschen Leben und Alltag, in Kampfgeist und Freude.

ALLES WAS FRÖHLICH KANN WERDEN

ODILIA, bitt, dass wir nicht blind
für Disteln noch für Lilien sind.

Oft möchten wir's anders, bequemer, neu –
Sei'n wir nur, wie FRIEDRICH, der Sache treu.

Kalendersprüche aus dem Kirchgarten

ODILIA (Fest 13. Dezember), um 660-720, Äbtissin. Blind geboren; in der Taufe sehend geworden.

FRIEDRICH von Utrecht (Fest 18. Juli), gestorben 838. Bischof, Kämpfer gegen Irrlehre und Ungesetzlichkeit; er wurde am Altar ermordet.

Es war ein schwieriges Jahr gewesen. Eine Grippewelle, ein Hexenschuss, ein Umzug hatten unsere schöne Organisation aus dem Tritt gebracht. Viel Arbeit war liegen geblieben. Was, wenn das so weiterginge?

„Wir brauchen jemanden zum Einspringen", stellte Heike fest, „und darum müssen wir Leute für den Kirchgarten interessieren. Ohne Werbung geht gar nichts. Wie wär's mit Tagen der offenen Tür, bei Gemeindefesten?" Ich war empört: „Wir hatten doch ausgemacht, dass wir den Kirchgarten ein bisschen unter Verschluss halten. Der soll eine Werkstatt sein, eine Schatzkammer, ein Klostergarten, ohne Zutritt für Unbefugte ..." „Und jetzt", sagte Dorothea unbarmherzig, „wird's ein Vergnügungspark."

Aber Vergnügen zeigten die paar ersten Neugierigen, die unserer Einladung folgten, zunächst sehr wenig. Das sollte der Kirchgarten sein? Wo war die Laube zum Kaffeetrinken für Senioren, wo der Sandkasten? Mit der Ästhetik haperte es erst recht.

Wie soll denn aber ein geistlicher Nutzgarten sich jemals fotogen präsentieren? Kaum dass etwas in schönster Pracht steht, wird es doch am Altar des Herrn hingegeben – ach so, ja.

Prompt gab es weise Ratschläge: Was hier fehlt, ist ein Solitär (Aber wir haben doch das Kreuz). Oder: Buchsbaumeinfassungen müssen Sie setzen, das bringt den richtigen Stil vom Bauerngarten (Wann in aller Welt wir die wohl schneiden sollten?). Und warum ziehen Sie so viel von diesem ordinären babyrosa Phlox, pflanzen Sie doch lieber die edle Sorte, die gerade in der Kirche steht (Was da gerade in der Kirche steht, das ist dieser ordinäre babyrosa Phlox, der wirkt im Halbdunkel anders). Ach so, ja!

Es fiel auch auf, dass Pflanzen gleicher Art über den ganzen Garten verteilt waren, mal mehr sonnig, mal mehr schattig standen. Was soll das denn? Nun, damit erreichen wir eine längere Blütezeit und die Chance, bestimmte Blumen zu bestimmten Festen zu haben – ach ja, guter Trick.

Allmählich mussten wir regelrechte Führungen halten, erlebten Aufhorchen, Staunen, angeregten Erfahrungsaustausch.

Unvergesslich, wie eine junge Mutter über mich herfallen wollte, nachdem ich ihr Kind ermuntert hatte, in die Knospe vom wilden Johanniskraut zu kneifen und auf den zarten Fingerkuppen sogleich ein Blutstropfen erschien – und wie sie sich dann begeisterte: Denn es handelte sich ja um das „Blut" des heiligen Täufers, das rote ätherische Öl. „Können Sie das nicht herausfiltern?", meinte sie, „in der Apotheke ist es so teuer."

Es brachte uns in Gunst, dass wir einen Garten zum Anfassen bieten konnten. Mit Eselsohr zum Streicheln, mit den verschiedenen Eberrauten und Indianernesseln zum Reiben und Riechen und Kosten. Wir stellten uns auf die neue Situation

ein: Die schöne Weinraute etwa nahmen wir fürsorglich, wenn auch bekümmert fort – sie kann böse allergische Verbrennungen auslösen; mir ist eine sichtbare Stelle davon geblieben, und wir wollten lieber keinen weiteren Fall riskieren.

Um die Walderdbeere gab es Dispute: Ob sie ästhetisches Entzücken auslöste, denn sie ist ja wirklich allerliebst anzusehen, ob sie als Unkraut missbilligt wurde – „Siehste", murmelte mir eine Gärtnerin ins Ohr –, ob ihre fromme Symbolik faszinierte? Denn die ist ja offensichtlich: Jedes Dreiblatt erinnert selbstverständlich an die Allerheiligste Dreifaltigkeit; die Gleichzeitigkeit von Blüte und Frucht deutet außerdem, ebenso selbstverständlich, auf die Jungfrau-Mutter Maria. Die Frage, ob Walderdbeeren sich für Konfitüre eignen oder ob einzig ein Aufguss mit Sekt das Aroma bewahrt, konnte nicht entschieden werden, denn während die Gourmets debattierten, hatte ein Kind entdeckt, dass sie pur schmecken.

Von der religiösen Symbolik der Pflanzen und ihrem liturgischen Ort mussten wir erzählen noch und noch. Plötzlich war die wilde blaue Akelei, die „Herrnblume", allgemein begehrt – wir konnten gar nicht genug Samen verschenken, und das obwohl wir warnten, sie könne auch mehr violett ausfallen oder gar rosa, in der Form gerüscht oder

kurzgespornt sein (zu ihren anmutigen Gaben gehört, dass sie mutiert). Aber man wagte es daraufhin; inzwischen ist sie in vielen Gärten der Gemeinde mehr verbreitet und höher angesehen als die raffinierten bunten Züchtungen.

„Aber ziehen Sie nicht mal etwas ganz Exquisites?", werden wir manchmal gefragt. Dann führen wir zu einem versteckten Plätzchen, wo ein paar schmale graugrüne Stängel mattpurpurne Köpfchen tragen. Denn die Patronin unserer Kirche, die kleine Therese vom Kinde Jesu, hat die einfachen Blumen vom Wegrand besonders geliebt. Und auf die zu verzichten, fiel ihr denn doch schwer, als sie mit fünfzehn Jahren ins Kloster eintrat. Dann aber wurden ihr gerade dort solche Blumen immer wieder geschenkt. Wie tief sie das bewegte, hat sie niedergeschrieben:

„Es ist üblich, dass Verlobte ihren Bräuten oft Blumensträuße bringen; Jesus vergaß es nicht, er schickte mir eine Fülle ... Es gab darunter sogar eine kleine Blume, die Kornrade, die ich nicht hatte finden können, seitdem wir nach Lisieux gezogen waren, ich sehnte mich sie wiederzusehen, die Blume meiner Kindheit, die ich auf den Feldern von Alençon gepflückt hatte; erst im Karmel lächelte sie mir wieder zu, um mir zu zeigen, dass der Liebe Gott in den allergeringsten Dingen genauso wie in den großen den Seelen, die um Seiner Liebe willen alles verlassen haben, das Hundertfache schon in diesem Leben verleiht."

Auf unseren Feldern würden wir diese Lieblingsblume der kleinen Therese heute vergeblich suchen: Die Kornrade ist fast ausgerottet; sie steht auf der Roten Liste der gefährdeten Arten. Ganz sicher, im Getreide wollen wir sie nicht haben, sie ist sehr giftig. Gut, dass das Korn heute mechanisch gereinigt werden kann. Aber soll sie nur im Botanischen Garten überleben? Wir geben ihr Kirchenasyl, und jeden Sommer darf sie in Bescheidenheit vor dem Bild der Patronin blühen.

Je öfter wir Jahr um Jahr das Pförtchen auftaten, desto mehr Wohlwollen begegnete uns. Und die meisten Besucher verspürten sofort den dringenden Wunsch, irgendetwas zu „stiften". Angeboten wurde uns Nützliches und Unnützliches und Gutgemeintes (Rasenmäher und Vogeltränken und Liegestuhl – als ob wir je zum Faulenzen kämen!). Vor allem Pflanzen aus dem eigenen Garten, womöglich selbst gezogene zu schenken, die später dem Blumenschmuck der Kirche zugute kommen würden, verschaffte vielen ein wahres Hochgefühl. Manche Gewächse allerdings, darunter oft schöne und teure, mussten wir ablehnen, was gar nicht so einfach war. Denn Hibiscus taugt nun einmal nicht für die Vase, und Engelstrompete, trotz ihres Namens, stinkt. Und was sollten wir wohl mit einem Pfennigbaum anfangen? „Vielleicht den Opferstock dekorieren", kicherte Helena. Manchmal wurde uns verstohlen auch Geld in die Hand gedrückt: „Der Kirchgarten hat doch wohl ein Sparschwein?"

Ein besonderer Anreiz für Schenkungen aller Art ging von unseren geistlichen Flurnamen aus. Zumal sich ein Brauch bei uns entwickelt hatte, der jedem ins Auge sprang: Am jeweiligen Namenstag eines unserer „Gartenheiligen" pflanzten wir auf dem jeweiligen Beet das große rote Herz vom Flohmarkt auf, so dass wir im Vorbeigehen kurz innehielten: Aha, heute ist St. Ursula – wer war noch Ursula? Richtig, die großen Gießkannen haben wir von ihr, Dank und Segen, Ulla. Eine unfeierliche aber getreue Pflege der „Memoria". Daraufhin suchte ein hochrenommierter Gelehrter, der zum erstenmal zu uns kam, den Garten sofort nach einem Beet seines Namens ab und bat dann kindlich: „Können Sie meinen Patron nicht aufnehmen? Ich möchte, dass hier an mich gedacht wird, was muss ich dafür tun?" Ob er etwa der „Werkgerechtigkeit" frönen wolle, um ins Himmelreich einzugehen, musste er sich necken lassen. Aber es focht ihn nicht an. Wir ließen ihn ein bisschen mitmachen, er erwies sich als patent, und zu St. Robert gedenken wir nun bestimmt unseres Professor Dr.iur.utr.Dr.h.c.mult.

Eine Quelle allgemeinen Vergnügens stellen immer unsere Kalendersprüche dar, die sich nach und nach mit den geistlichen Flurnamen verbunden haben. Klapprig gereimt, ähneln sie im Stil den wohlbekannten Wetterregeln des Bauernkalenders. Inhaltlich stellen sie eher ein Kontrastprogramm dar. Denn wir brauchen nicht so sehr Ernteprognosen – wir betreiben ja keine Landwirtschaft – als vielmehr Ermutigung in unserem Gärtneralltag. Also heißt es bei uns eben nicht „St. Georg viel Sonne – viel Äpfel im Herbst", sondern „St. Georg einst den Drachen zwang, drum sei uns nicht vor Schnecken bang." So hat jeder unserer 41 speziellen „Kirchgartenheiligen" uns etwas Bestimmtes zu sagen, das mit der jeweiligen Lebensgeschichte, dem Kult, der Legende zusammenhängt. Das herauszutüfteln war manchmal gar nicht so einfach. Denn was weiß man schon von St. Cornelia, und mit welchem heiligen Friedrich, welcher von den heiligen Sabinen haben wir es überhaupt zu tun?

Wir wissen nicht sicher, ob unsere Verslein restlos nach der Meinung der Kirche sind. Wenn man an die Blüten denkt, die die volkstümliche Heiligenverehrung getrieben hat, so verhalten wir uns noch dezent. Praktikabel sind unsere Sprüche allemal und auf irdische Weise fromm. Wenn manche respektlos klingen, so ist das vielmehr der Umgangston, der sich in einer gesunden Familie entwickelt. Der kann heiter sein und auch mal ruppig, und gemeint ist er zärtlich.

Allmählich hatten wir keine Beete mehr frei. Einmal glückte eine Zusammenlegung der Namen: Es gab eine Helferin Gaby, einen Stifter Michael, dazu schickte uns der Himmel einen Rafael, also heißt ein Beet mit Fug und Recht wie der Kalendertag „drei Erzengel". Weitere geistliche Flurnamen können aber beim besten Willen erst wieder vergeben werden, wenn der Kirchgarten aufgestockt wird.

Aber die Zahl der Helfer und Freunde wächst weiterhin, und es soll doch keiner vergessen sein! Was tun? Was auch die Kirche tat, um allen gerecht zu werden: Wir haben einen Ehrenplatz geschaffen. In der Mitte, am Fuß des Kreuzes. Dort wuchern unsere Kräuter, ein krauses Vielerlei, aber ein einziger großer Wohlgeruch: Diesen Platz nennen wir „Allerheiligen".

Dieser Geniestreich wurde pikanterweise erdacht von Heike, die als aufrechte Protestantin zu Anfang dem katholischen Outfit des Gartens zwar höflich, aber doch fremdelnd gegenübergestanden hatte. Bis ein Gespräch im ökumenischen Kreis, mit dem Thema „Ich glaube an die Gemeinschaft der Heiligen", den Knoten löste: Die Heiligen des Herrn, das sind wir ja alle. – „Und außerdem", sagte der evangelische Pfarrer der Nachbargemeinde, der sich sachkundig bei uns umsah, „wird das Fest Allerheiligen auch in der lutherischen Agende geführt!"

Und schon keimte und gedieh auf dem Boden des Kirchgartens ein neues Pflänzlein, nämlich die ökumenische Hoffnung:

In Zukunft, so behaupten wir, gibt es einen gebotenen doppelten Feiertag, am 31. Oktober und 1. November. Nämlich so: Am Morgen des Reformationstages gehen alle Katholiken mit in die evangelische Kirche und singen wacker mit „Ein feste Burg". Zum Fest Allerheiligen dann sind die Protestanten in der katholischen Kirche zu Gast und singen ebenso wacker mit „Ihr Freunde Gottes allzugleich". Und wir drücken einander die Hände: Die weiteren Reformationen machen wir zusammen!

Ja aber, macht nicht in Wirklichkeit Halloween das Rennen? Ach was, Ärgernis wird einfach einbezogen, darauf verstand sich die Kirche schon immer. Ist doch der Knecht Ruprecht, der Klaubauf oder Krampus oder wie er sonst heißt, ursprünglich der Teufel in Person gewesen, und jetzt arbeitet er brav im Dienst des heiligen Nikolaus. Überhaupt, müssen denn die Kürbisse unbedingt die Zähne fletschen? Vielleicht lernen sie ja im Kirchenraum das fröhliche Lachen der Narren in Christo.

Ob wir's erleben?

Jedenfalls leben wir darauf zu!

Nein, ich habe nicht vergessen, warum wir ursprünglich die Gemeinde in den Kirchgarten eingeladen hatten.

Wir dachten, unsere Besucher würden sich nun um Mitarbeit reißen. Wo gibt es schon solch ein Angebot: gleitende Arbeitszeit, frische Luft, Gelegenheit zu guten Werken und Gesellschaft von lauter Heiligen ... Ernsthaft verpflichten, zu mehr als gerade mal einem Handgriff, wollte sich trotzdem niemand.

Niemand? Doch, unser Appell hatte ein offenes Ohr gefunden. Da war ein Kind, das nicht wie die anderen auf den Plattenwegen Fangen spielen wollte; unter der größten und rötesten Dahlie war die Kleine stehengeblieben, das Gesichtchen staunend hochgereckt, und plötzlich verkündete sie: „Die da, die will ich immer gießen!" Damals war Sandra knapp neun und verschlang gerade den „Geheimen Garten". Aber ihr Tatendrang strebte darüber hinaus. Damit hatten wir ein handfestes und munteres Lehrmädchen gewonnen.

Und sie ist uns geblieben – das will etwas heißen. Denn wo nimmt eine moderne junge Dame zwischen Volleyball und Klavierspielen und außerdem Hausaufgaben noch Zeit für den Kirchgarten her? Ob sie ein „Nachwuchs" wird, bleibt abzuwarten. Fürs erste schickt sie sich nur an, uns über den Kopf zu wachsen. Jedenfalls aber, wenn wir gefragt werden, wieviele Gärtnerinnen wir zurzeit sind, antworten wir mit Überzeugung: sechseinhalb!

Klein war unsere Gärtnerzunft immer noch, und sie würde es wohl bleiben. Aber wir waren jetzt durch vielerlei Erlebnisse, Hilfen und Gespräche mit der Gemeinde verbunden. Wir lachten, als wir Anlass zu einer neuen Reimerei fanden: „Besuchern darf man nie blind vertrauen, weil auch Katholiken Ableger klauen!" Denn, sagten wir uns, demnach hatten wir die Richtigen zu Gast – echte Gärtner klauen, ach nein mausen alle!

Recht habt ihr gehabt, ich geb's ja zu. Wann öffnen wir das nächste Mal?

Wir fühlten uns bestärkt und beschwingt. Umso weniger begriffen wir, was dann geschah.

ACH WIE FLÜCHTIG, ACH WIE NICHTIG

St. CHRISTOPH selbst hat's nicht geschafft –
ja, Demut braucht's, nicht Riesenkraft.

ERZENGEL, ihr im höhern Chor,
steil sind die Stufen, zieht uns empor.

Kalendersprüche aus dem Kirchgarten

CHRISTOPHORUS (Fest 24. Juli), der legendäre Riese, trug auf seinen Schultern Reisende durch den Fluss und wurde von dem kleinsten, dem Christuskind, unter das Wasser gedrückt.

ERZENGEL (Fest 29. September), hier Michael, Gabriel, Rafael: unter den neun Chören der Engel mit besonderen Aufträgen an die Menschen betraut.

Standen doch plötzlich zwei fremde Männer im Kirchgarten, nahmen Sandra und mich nicht zur Kenntnis, hantierten mit Papierrollen und äußerten auf meine scharfe Frage, was sie hier verloren hätten, beiläufig: „Nächste Woche geht's los, das kommt alles weg hier ..."

Ich höre noch Sandras durchdringende Kinderstimme: „Das dürfen die doch nicht!", fühle noch, wie ich erstarrte ... Anrufen, sofort, jede von uns. Und jedesmal der gleiche Schrei, das fassungslose Fragen, das entsetzte Verstummen – und dann der rote Zorn.

Kochend ergoss sich die Empörung über den Pastor. „Aber hat Ihnen denn niemand gesagt?", fing er bestürzt an, weiter kam er nicht zu Worte. Denn es passiert ja mal in einem Gemeindegremium, dass die rechte Hand nicht weiß, was die linke tut, da muss eben einer den Kopf hinhalten. Also bekam er einiges zu hören: die Blumen! die Büsche! die Bäume ermordet! All die Jahre von Wachstum und Pflege weggeworfen! Und die soeben erst angelegten Beete, die Arbeit bis gerade vorhin – Zeitaufwand und Plage und Engagement völlig sinnlos. Weil man kleine Leute übersieht. Als ob die Kirche ohne auskäme (war ich schon jemals so laut?!).

Was halfen uns Erklärungen: das Abwassersystem von Kirche und Kindergarten sei hoffnungslos marode. Die Sanierung sei fällig, die Finanzierung genehmigt, die Baufirma bestellt, die ganze Maschinerie angelaufen. Es tue ihm sehr, sehr leid für uns. Wir hörten nur das eine: Nichts zu machen ...

Aber der Pastor hatte zum Telefon gegriffen. Und am nächsten Morgen um sechs trafen sich die Gärtnerinnen und die Bauleute im Kirchgarten. Und - man mochte sich! „Der schönste Bauplatz, den ich je hatte", grinste der Architekt kläglich, „meine Frau gärtnert auch, wenn ich der das erzähle ..." Gemeinsam versuchten wir, eben doch etwas zu machen.

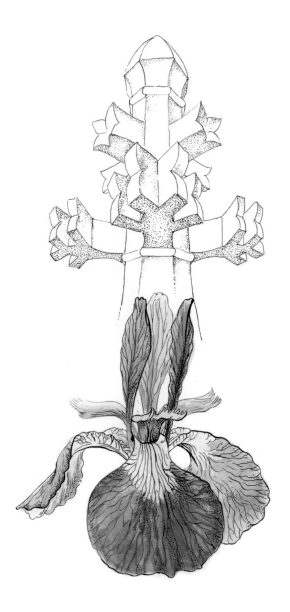

könnten Sie die schonen?" „Nee, das geht nicht – aber die Rhododendren setzen wir Ihnen um, sagen Sie nur wohin." – Das gab nun ein Rennen und Hasten mit Schaufeln und Spaten und Karren! Der Kirchgarten schallte von kriegerischen Parolen: „Wir schaffen das! Wir geben nicht auf! Der nächste Frühling kommt bestimmt!" Nur zwischendrin nahmen wir einander manchmal ganz kurz, ohne ein Wort, in den Arm.

Es war natürlich ein Wahnsinn, jetzt umzupflanzen, mitten im Hochsommer, dem heißesten seit einem halben Jahrhundert. Unsere Regentonnen standen seit Wochen staubtrocken. Wenn nicht der Architekt, der gute, einen Wasseranschluss in den Garten gelegt hätte – aber auch so starben uns einige der schönsten Stauden unter den Händen. Die alte Rose „Eden", die wir, wider alle Gärtnervernunft, ihrem Schicksal nicht hatten überlassen wollen, hing unkenntlich zurückgeschnitten an ihrem neuen Platz; Sandra umsteckte sie hoffnungsvoll mit Knoblauch, um ihr Immunsystem zu kräftigen, aber sie blieb mehr tot als lebendig. Dafür brachte ein junger Bauarbeiter eifrig eine sichtlich kerngesunde Wurzel an, die er im Aushub entdeckt hatte: Löwenzahn war's – die Tränen konnten einem kommen.

Dann waren die Bagger da. Und St. Helena, St. Franziskus, St. Ferdinand, Drei Erzengel und, und, und – sie waren wie nie gewesen. Am Rand des gähnenden Abgrunds blühten trotzig ein paar Ringelblumen.

Plötzlich merkte die Gemeinde von St. Theresien etwas. Wie, gerade jetzt in der Zeit der Blumenfülle nur so ein dürftiges Sträußchen am Altar? Und bei der Marienstatue, am Bild der Pfarrpatronin überhaupt nichts! Die Reaktionen reichten von pikiert bis tief erschrocken: Das gehört sich nicht! Auf jeden wirkte der vertraute Raum plötzlich kalt und fremd. Aber was konnten wir schon machen? Doch der Kirchgarten hatte seine geheimen Kräfte:

„Ist Aufschub möglich?" „Nein. Doch, ein paar Tage." „Müssen die Bagger wirklich quer durch den Garten?" „Na ja, da hinten zum Beispiel könnte man von Hand ausschachten." „Dann würden doch ein paar Beete überleben! Darin könnten wir einige Pflanzen provisorisch unterbringen – und die Blutbuche, den Säulentaxus, den Wacholder,

Gerade jetzt begann er die Kirche zu erobern. Die Sakristei sah aus wie ein Gartenhäuschen. Dort hatten wir, da der Gärtnerkeller unter dem Bauschutt unzugänglich war, unser Werkzeug eingelagert – eine Robinsoninsel nach dem Schiffbruch. In der Elisabethkapelle baumelten kopfüber die Pflanzen, die wir für das Umsetzen hatten herunterschneiden müssen. Ein feiner Heuduft ging von ihnen aus, der überall zu verspüren war. Und gänzlich unerwartet gewannen wir damit einen Blumenschmuck: Geißbart, Gelbe Schafgarbe, Gelenkblume und Goldrute gaben getrocknet höchst reizvolle und dauerhafte Gestecke ab, vorzeitig herbstlich allerdings und unleugbar ein wenig melancholisch.

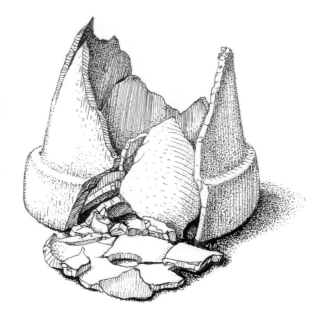

Warum wir nicht einfach gestreikt haben? Das fragen uns heute noch manche mitfühlende Seelen. Ganz sicher nicht deshalb, weil wir so treue Töchter der Kirche wären, so heiligmäßig oder so zahm. O ja, wir hatten rachsüchtige Gedanken. Nur – ein Organist kann die Noten zuschmeißen und gehen. Aber wir, wir haben es mit Lebewesen zu tun, mit den Pflanzen und mit unserer kleinen Gemeinschaft – im Stich lassen, das gibt es nicht. Und noch eins wurde uns klar wie nie zuvor. Unsere Arbeit, dieser Zubringerdienst für eine sichtbar lebendige Kirche, war eben keine Last, die man halb unwillig schultert, sondern eine Sache des Herzens – biblisch ausgedrückt: Ich liebe, Herr, die Zierde deines Hauses!

Außerdem – hatten wir nicht, mitten in unserem Missgeschick, Unterstützung gefunden, moralisch und praktisch? Waren wir nicht glücklich dran mit unserem Zusammenhalt? Tat es nicht ganz gut, einmal im Kleinen zu erfahren wie das ist, wenn einem der Boden unter den Füßen weggerissen wird: Anderswo geschieht das durch Erdbeben oder Bomben ...

So kam es, dass wir „Trümmerfrauen", noch während die Maschinen stampften und tobten, schon spielerisch dem Ende des Schreckens vorgreifen konnten: Was meint ihr, wenn wir wie in alten Zeiten ein Votivbild stifteten, ganz hinten in der Kirche wäre ein Plätzchen dafür. Wir gäben beim Dorfschreiner ein Holztäflein in Auftrag, das würde bemalt von einem schlichten Gemüt mit wackerem Pinsel, in viel kräftigem Rot und Blau. Da sähe man einen Bagger, riesengroß, das Drachenmaul voller Zähne aufgesperrt über einem Blumenbeet, und uns sechs Weiberleut daneben kniend mit gerungenen Händen, unser kleines Mädchen dabei, und drunter stünde krakelig zu lesen: „alhier wurde vervnfallt unser hertzlich lieber kirch-Garten und ist kein hofnung gewest. Und aber haben wir uns verlobt zur Heilligen THeresia mit vester bitt, und haben wunderbahre hülff erlangt". Denn oben am Bildrand erschiene in bayrisch-blauweißen Wolken lichtstrahlend unsere Kirchenpatronin, den Weihwedel in der zarten Hand, und ließe Rosen regnen in allen Farben. „Ex voto" läse man darunter und die Jahreszahl, zum ewigen Angedenken ...

Das Gewitter grollte noch. Aber es war bereits im Abziehen.

UND TRAU DES HIMMELS REICHEM SEGEN

Es wird schon, spricht St. BARBARA:
Im Winter ist der Frühling nah.

St. THOMAS hat uns beigebracht:
der Tag geht auf aus tiefster Nacht.

Kalendersprüche aus dem Kirchgarten

BARBARA (Fest 4. Dezember), legendäre Märtyrin des 3. Jahrhunderts, Nothelferin. Volkstümlicher Brauch:
„Barbarazweige" können zu Weihnachten blühen.

THOMAS (Fest 3. Juli), der sprichwörtlich „Ungläubige" unter den Aposteln, daher ursprüngliches Fest am
21. Dezember, dem kürzesten Tag des Jahres, weil er am längsten in der Finsternis des Zweifels blieb.

Die Bagger waren weg. Der gähnende Abgrund war aufgefüllt, Mutterboden aufgebracht, die Bauleute hatten Wort gehalten. Rührend: Sogar die Reifenspuren hatten sie weggeharkt. Die Plattenwege lagen schnurgerade und eben, alles sah ungemein sauber aus, nagelneu und sehr tot. Nirgends ein Vogel – es fehlten die schützenden Büsche.

Erst jetzt konnten wir Bilanz ziehen. Schon rein wirtschaftlich gesehen war der Schaden bedrückend. Selbst wenn an Neuanschaffungen zu denken wäre: Es würde Zeit brauchen –„Das dauert Jahre!", klagte Helena –, bis man wieder für den Blumenschmuck unserer Kirche ausreichend schneiden könnte. Keinen Spierstrauch mehr für die Erstkommunion, keinen Bronzefenchel für die Kräutersegnung, keine Schönfrucht für den Advent, und die Zierquitten, wie würden uns ihre Blüten zu Ostern fehlen und ihre Früchte im Trunk von St. Gertruds Minne – o doch, auch das ist wichtig!

Sicher, wir wussten, wie man es anfängt, den Boden wieder zum Leben zu bringen. Aber ein zweites Mal den Elan der Pionierzeit aufbringen? Beim bloßen Gedanken an Umgraben und Durchgabeln spürte ich meinen Ischias – und ihr andern, auch ihr Jüngeren, Energiegeladenen, nachträglich könnt ihr es doch zugeben: Ihr habt auch ganz schön geschluckt.

„Sie müssen sich mal etwas richtig Gutes tun", empfahl der Architekt, der besorgt noch einmal nach uns sah. „Geben Sie doch eine Einweihungsparty, ich komme!"

Wir schauten uns an, halb lachend, dann plötzlich ernst: Wir hatten unser Stichwort gehört. Nicht gerade Party, ach nein danke. Aber Einweihung – Weihe – das blieb uns im Ohr. War doch erst kürzlich der Kindergarten gesegnet worden, auch das neu gebaute Haus nebenan. Heile, heile Segen: Wenn das nicht das Richtige ist für unseren Kirchgarten! Das brauchen wir! Das wollen wir!

Und ja, ein Fest soll es sein! „Herr Pastor – ?" Der nickte: „Legen Sie nur gleich alles zurecht. Sie wissen schon, Weihwasser, Aspergill, Stola", und plötzlich erheitert: „nehmen Sie die grüne – passt doch ..."

Nun, ganz so schnell ging es doch nicht. Wussten wir denn so genau, was das ist, Segen? Wie das geht, Segnung? Wir steckten die Köpfe über dem Benediktionale zusammen, das der Pastor uns geliehen hatte. Und was erwarteten wohl unsere Gäste? Denn ein buntes Völkchen würde da zusammenkommen, keineswegs nur Mitglieder der Gemeinde. So viele hatten uns Teilnahme bezeigt, Hilfen zugesagt, die sollten auch jetzt teilhaben. Wo immer wir begeistert von unserem Vorhaben erzählten, bekamen wir ebenso begeisterte Zusagen, aber auch untermischt mit Unsicherheit: „Was bringt man da mit?" und einmal „Was zieht man da an?"

Eine Konferenz war fällig. „Wir müssen Einladungen verschicken", riet Christiane, die im Vorbereiten von Tagungen erfahren ist, „die müssen klipp und klar sein, und außen drauf sollten wir ein programmatisches Bild haben."

„Ich hab's!" strahlte ich (sicher tat ich das, wie alle Sammler, die ihrer Leidenschaft frönen dürfen). Und ich schleppte ein Halbdutzend überquellender Mappen herbei, mit Fotos und Kunstkarten, mit Zeitungsausschnitten und Notizzetteln, alle mit dem einen Thema, meinem Thema, unserem Thema: Christus als Gärtner!

So berichtet der Evangelist Johannes das Geschehen vom Ostermorgen: Maria Magdalena steht im Garten vor dem leeren Grab und weint. Und als der Auferstandene zu ihr tritt, erkennt sie ihn nicht: „Sie meinte, es sei der Gärtner." Erst als er sie beim Namen nennt, gehen ihr die Augen auf. Aber er lässt sich nicht halten – „noli me tangere" – und ist fort.

Die Szene ist unzählige Male dargestellt worden. Und unzählig oft erscheint dabei Jesus Christus, der Herr der Herrlichkeit, so vor unseren Augen, wie Magdalena in ihrer Verstörtheit ihn zu sehen meinte: wie man sich einen Gärtner vorstellt.

Seit dem ersten Zufallsfund sprang mich das Thema von überall her an. Aus Bildern vom

13. bis zum 21. Jahrhundert. Aus Buchmalerei und Altarflügeln, aus abblätternden Fresken und strahlenden Kirchenfenstern, aus Fliesen holländischer Küchen und alpenländischen Hinterglasbildern. Überlebensgroß im Barock, fingerklein in der Armenbibel. Von Meisterhand und in frommer Unbeholfenheit. Auch geistliche Spiele gibt es, Madrigale, Lieder. Es muss etwas Besonderes sein um dieses Nicht-Erkennen.

Sehen wir kurz in meine Mappen, blättern hier und dort die durcheinander liegenden verschiedenartigen Darstellungen des immer Gleichen auf:

Da ist der Herr. Kraftvoll der auferstandene Leib, oft geradezu athletisch gestaltet. Dabei wie aus Licht, kaum verhüllt von dem königlichen Purpurmantel. In der durchbohrten Hand aber hält er – einen Spaten. Oder er hat ihn geschultert, wie einer, der nach Hause geht. Und hier, und hier wieder, ist es denn möglich: Auf dem Kopf trägt er einen alten Schlapphut, der verdeckt fast den Glorienschein.

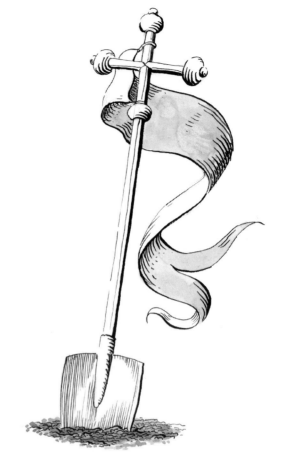

Da ist Maria Magdalena. Ein Kind dieser Welt. Nach der Mode gekleidet, einmal in Seide, einmal in Brokat. Was sie wohl heute trüge? Aber das hat sie alles vergessen, sie ist auf die Knie gestürzt: Du bist es! Und sie streckt die Hände aus, will greifen, was unbegreiflich ist.

Und es geschieht das Unbegreiflichste: Er entzieht sich. So ist das mit Gott. Fassen, festhalten lässt er sich nie. Auch nicht als der Offenbarte, der Freund, der lang vertraute. Aber er lässt uns auch nicht im Stich, das sagen die Bilder deutlich: Christus steht der Verlassenen zugewendet. Oder er neigt sich zu ihr. Oder, schon im Gehen, blickt er sie noch an. Ja, und seht doch, seine rechte Hand ist erhoben. Aber nicht etwa zur Abwehr. Sondern zum Segen. Erfüllt von Freude wird sie sich auf ihren Weg machen. Feierlich ernst ist die Gebärde, mit der

er sie aussendet. Oder auch leicht anrührend, liebevoll. In der anderen Hand hält er noch immer den Spaten ...

Denn natürlich ist er der Gärtner! Er gibt der Seele, was sie braucht, um zu blühen. Der Menschensohn, sagen die Mystiker, ist der neue Adam, der den steinigen Boden des Menschenherzens bebaut und ihm die reiche Frucht, die Fülle alles Guten entlockt. Es war ein Augenblick voller Dunkelheit und Licht, in dem Magdalena Christus verkannte – und erkannte.

Wie will man aber Mystik verdeutlichen, sichtbar machen, dass der strahlende Sieger und der schwer arbeitende Gärtner ein und derselbe ist?

Auf volkstümlichen Holzschnitten des späten Mittelalters hält der Auferstandene manchmal die Kreuzfahne und den Spaten in derselben Hand. Das sieht ziemlich ungeschickt aus. Aber in einem Fall ist das Problem überzeugend gelöst, tiefsinnig bei aller Naivität: Da wächst das Kreuz mit der wehenden Fahne ganz einfach aus dem Spatenstiel hervor.

Traditionen werden irgendwann missverstanden. So ist also Folgendes wirklich passiert: Beim althergebrachten Osterspiel im Städtchen Nottuln, nicht weit von Münster, sollte der Kaplan die Rolle des Christus spielen. Er fand aber, den Sohn Gottes als Gärtner zu verkleiden sei würdelos und Anschaulichkeit sowieso primitiv, also versteckte er sich im Beichtstuhl und trotzte. Woraufhin das Spiel abgeschafft wurde.

Nun geschah das zur Zeit der Aufklärung, und unser zorniger junger Mann war somit erhaben über Mystik. Dabei hätte er sich nur an Jesu eigene Worte erinnern müssen, an das Gleichnis von dem unfruchtbaren Feigenbaum. Der soll schon umgehauen werden, aber der Gärtner bittet um Aufschub: „Ich will den Boden um ihn herum aufgraben und düngen. Vielleicht trägt er doch noch Früchte ...“

Er wird doch den Verkleideten nicht etwa verkannt haben?! Dafür kennt aber der Gärtner seine störrischen Lieblinge genau. Und was wissen wir, welche Art Frucht er gerade von ihnen haben will – und auch bekommt?

„Bisschen sehr theologisch, wie?“, zögerte Adele. „Wär ja was für eine Predigt“, überlegte Christiane. „Dass aber das Ganze nicht zu lang wird“, warnte Anna. „Jedenfalls nehmen wir dieses Bild hier“, kürzte Dorothea ab, „das kommt schwarzweiß am besten heraus.“ „Und außerdem“, fiel Heike ein, „weiß sowieso jeder auswendig ...“ Und plötzlich sang sie:
„Mach in mir deinem Geiste Raum,
Dass ich dir werd ein guter Baum,
Und lass mich Wurzel treiben.
Verleihe, dass zu deinem Ruhm
Ich deines Gartens schöne Blum
Und Pflanze möge bleiben.“

„Klingt etwas wie ‚Geh aus, mein Herz‘?“, meinte ich vorsichtig (Heikes Melodien sind von holdem Ungefähr), „aber wo hast du bloß diesen Text her?“ „Das ist die 14. Strophe!“, triumphierte Heike, „ihr Katholiken – wenn ihr eben nie das Ganze singt! Unsereins ist das gewohnt!“ „Aber singen wir auch Kanons?“, bettelte Sandra, „die mag ich so gerne!“

Womit wir beim nächsten Punkt waren.

Dann kam der Morgen der Segnung. Es war schon herbstlich, kühl, aber hell. Wir standen in der Mitte des Gartens, unter dem Kreuz, das heil geblieben war – wie sehr berührte uns das! –, standen recht beengt, so viele waren gekommen. Sandra, sichtlich etwas nervös, durfte zum erstenmal ministrieren. Mit ernsten Augen reichte sie die Liederzettel, wachte über die Bibel und das Weihwasser.

Überall rundum steckten Markierungsstäbe, als Gedächtnisstützen dafür, dass hier eine evakuierte Pflanze besonderer Aufmerksamkeit bedürfe – ach, war's nicht wieder ganz wie im Anfang des Kirchgartens? Aber heute flatterten bunte Bänder daran, das sah aus wie eine Plantage von Maibäumen. Und die Fröhlichkeit des Anblicks hatte etwas Ansteckendes, man hörte es gleich, als der erste Kanon, immer kräftiger werdend, in die Luft stieg.

Segnen, das sei „bene dicere", Gutes zusprechen, hatte der Pastor ruhig begonnen, und dass wir das nun diesem Garten tun wollten, gemeinsam, im Namen des Vaters ...

Wie das liturgisch geschehen konnte, das zu entdecken war für uns Gärtnerinnen über Wochen ein geistliches Abenteuer gewesen. Leicht hatte sich unser persönliches Anliegen in die vertrauten Formen gefügt. Die Kyrie-Rufe, an den, der alles neu macht in jedem Augenblick, hatten etwas Dringendes. Die Lesung, die wir wählten, gab etwas zum Nachdenken: Wie die Pflanzenwelt erschaffen wurde am dritten Tage, und siehe, es war sehr gut. Und das Segensgebet mit all dem, was uns auf dem Herzen lag, war aus einer neuen tiefen Bejahung heraus entstanden:

„Gott, unser Vater, du hast uns hier in St. Theresien einen kleinen Teil deiner Schöpfung anvertraut. Wir danken dir, dass wir deine Mitarbeiter sein dürfen. Wir bitten dich: Hilf uns, dass unser Kirchgarten ein Lobgesang werde von deiner großen Herrlichkeit.

Segne dieses Fleckchen Erde. Gib Regen und Sonnenschein zur rechten Zeit. Bewahre unseren Garten vor einem Übermaß von Giersch, von Schnecken und von Wühlmäusen.

Segne die Pflanzen, die wir hier pflegen: Lass sie wachsen und gedeihen, damit sie als Schmuck der Kirche Zeichen werden für den Lobpreis deines Namens.

Segne die Arbeit unserer Hände. Segne die vielen, die uns den Rücken stärken mit Tatkraft und mit Freundlichkeit, und schenke uns allen Freude an diesem Dienst in der Gemeinde. Amen."

Ein leises Lachen, verdutzt aber voll Verständnis für die typischen Gärtnernöte, hatte sich in die Andacht geschlichen. Und als wir unter den Fürbitten für Schöpfung, Welt und Christenheit auch eine vorbrachten „um Mut, Gelassenheit und Humor im Umgang mit Widrigkeiten", hoben sich deutlich einige Mundwinkel. Die Segenshandlung vollzog sich in heiterer Gelöstheit. Der Pastor sprang langbeinig über die Beete, mit hoch geschwungenem Aspergill, rief: „Wo fehlt's noch?" Und ebenso unliturgisch, aber voller Eifer scholl es im Chor zurück: „Da noch, bitte, und da, und da, und überall!"

Man lief nicht gleich auseinander nach dem letzten Amen. Praktische Überlegungen schlossen sich an, und einige Neckerei: Ob nicht auch das Unkraut von der Segnung profitiere? Und ob ein eventueller Smog über dem Kirchgarten nunmehr zu Weihrauchwolken assimiliert würde?

Die Sonne war herausgekommen. Wir hörten noch lange das Singen der Heimkehrenden, ineinander klingend wie bei der Großen Prozession: „Laudate dominum ... ich deines Gartens schöne Blum ... He has got the whole world in his hand ..."

Wir haben nichts mehr geredet beim Aufräumen. Ganz gleich wie es weiterginge: Wir hatten unser Fleckchen Erde, und uns selber mit, in die Hände des Gärtners gegeben.

Noch eins bleibt aber zu erzählen: Die „Eden", unsere geliebte alte, schon verloren gegebene Rose, von deren zentimeterweisem Sterben wir schließlich nur noch den Kopf weggewandt hatten, sie zeigte plötzlich Lebensspuren. Braune Stippchen erschienen auf den kümmerlichen Stängeln. Heike entdeckte sie und rief etwas, merkwürdig heiser klang's, so dass wir angerannt kamen. Herzklopfend, auf Zehenspitzen sind wir herangetreten, jeden Tag mussten wir uns aufs Neue überzeugen.

Wie war das doch mit dem Rosenstock von Hildesheim, dem berühmten, tausendjährigen, nach dem Zweiten Weltkrieg: Der hat unter den Trümmern des Doms wieder ausgetrieben, die Menschen sind nur so dahin gewallfahrtet – wie wird denen erst zumute gewesen sein ...

Wäre dies ein erbaulicher Roman, etwas Erfundenes oder eine Legende, so würde das Wunder ja wohl aus der Segnung erfolgen. Es ist aber eine wahre Geschichte, und so muss berichtet werden: Der Segen hatte unser Bitten nicht abgewartet, sondern sich in vorauseilendem Gehorsam eingestellt.

„Aber nein", lächelte der Pastor, „zugleich! Bitten ist doch nicht erst das Aussprechen von Worten, das fängt vorher an. Das Vertrauen, das ist schon die Bitte, das ist schon der Segen. Also, was wundern Sie sich?"

Ach doch, wir wundern uns immer noch. Aber wir fragen nicht mehr.

Eden ist uns noch einmal geschenkt. Danke.

MEIN SCHÖNSTE ZIER

Wir glichen gern, St. ELSBETH, dir:
Uns ward geschenkt, nun schenken wir.

Ein Baum nur in den Himmel reicht:
St. HELENA das Kreuz uns zeigt.

Kalendersprüche aus dem Kirchgarten

ELISABETH von Thüringen (Fest 19. November), 1207-1231. Als junge, reiche, glückliche Ehefrau des Landgrafen und später als verarmte Witwe war sie eine große Wohltäterin der Armen und Kranken.

HELENA (Fest 18. August), um 255-330, Kaiserin, Mutter Konstantins. Ihr gelang nach der Legende die Wiederauffindung des Kreuzes Christi in Jerusalem.

„Die Gemeinde möchte dem Kirchgarten etwas schenken", erzählte der Pastor, als er aus der Sitzung kam, „zum neuen Jahr. Was möchten Sie denn wohl? Ich kann doch Ihnen nicht gut einen Blumenstrauß überreichen!" Das machte uns verlegen. Denn mit Geschenken wurden wir zur Zeit förmlich überhäuft. Wir waren ja berühmt geworden. Spenden, Ableger, Sämereien, praktische Hilfen aller Art ließen den Wiederaufbau des Kirchgartens viel schneller gelingen als man hoffen durfte. Wir erlebten tatsächlich eine Art Wirtschaftswunder. Mitsamt dessen Gefahr: der Üppigkeit. Alles Nötige hatten wir reichlich, hatten uns auch an manchen Luxus schnell gewöhnt – den Florfliegenkasten, die Handgabel aus Edelstahl, die wasserfesten, lichtechten Schildchen, schöner als im botanischen Garten …

„Was möchten Sie wohl?", wiederholte der Pastor. Wir dachten tief nach. Etwas ganz Besonderes müsste es sein. Etwas, das über das Notwendige hinausginge und auch nicht bloß Luxus wäre.

Und plötzlich wurde uns bewusst, dass dem Kirchgarten tatsächlich etwas ganz Bestimmtes fehlte. Weil es einen Platz gab, der in einzigartiger Weise dafür geschaffen war: „Bitte – wir möchten einen Weinstock!"

Das wichtigste Zeichen in unserem von mancherlei Symbolik erfüllten Garten war von Anfang an das Kreuz gewesen. Das Kreuz freilich, das Andrew aus zwei Knüppeln zusammengebunden hatte, war schon mehrmals, und ebenso provisorisch, von uns erneuert worden. Vor einigen Jahren nun hatten wir etwas Dauerhaftes und Standfestes an seine Stelle gesetzt, etwas, das Schneelasten und Frühlingsstürme aushalten sollte.

Der Sägemüller, den wir damals befragten, schien unschlüssig: „Ich hätte da wohl was, das ist aber teuer, und eigentlich darf man's gar nicht mehr verkaufen, von einem Baum aus dem Regenwald: Bongossi, Eisenholz, hält ewig – was wollen Sie denn damit?"

Seine Augen wurden immer größer: „Sowas habe ich noch nie gehört. Ich schenk's Ihnen – ist ja man bloß ein Rest ..."

Ist nicht unser Kirchgarten wirklich der rechte Ort für einen Baum, dem die Welt keine Existenz lassen will?

Irgendwie erfuhren die Prämonstatenser von unserem Vorhaben. Wie gut sie uns verstanden: In ihrer Obhut befindet sich ein großes Holzkreuz, freilich ein bedeutendes, romanisches. Spontan erboten sie sich: „Wir stiften die Arbeit!" „Und ich mach's Ihnen billig!" sagte der Zimmermann.

Das Eisenholz erwies sich als schwer wie Blei. Selbst Winfried, der an Knochenarbeit gewöhnt ist, bewältigte den Transport nicht allein, auch zu zweien schafften wir es kaum, von der Zimmermannswerkstatt zum Laster und vom Laster zur Kirche und von der Kirche in den Kirchgarten, immer wieder absetzend, bis endlich die letzte Station, die Mitte erreicht war – nie vergessen wir diesen Gang.

Sehr hoch und breit, sehr machtvoll erhebt sich seitdem das Kreuz über dem Garten. Auch die Nachbarn können es nicht übersehen. Als es damals aufgerichtet wurde, kamen sie sofort herbei, einige äußerten sich respektvoll, andere beschwerten sich, weil es die Aussicht störe. Gesetzt zu einem Zeichen, dem widersprochen wird ...

Uns freut's, dass wir es vor Augen haben. Wo immer wir bei unseren Arbeiten gehen, stehen, uns bücken, knien. Der Rittersporn sieht sich mit dem Kreuz im Hintergrund ganz anders an, durch das Gezweige der Zaubernuss und der Azalee blickt das Kreuz auf uns, die Königskerzen werden vor dem Kreuz zu Evangelienleuchtern. Wir können gar nicht anders, als die Gänseblümchen und den Komposthaufen, unser Werkzeug und uns selber in dieser Zusammengehörigkeit wahrnehmen.

Allerdings: Zu Anfang sah unser Kreuz nicht aus wie im Garten gewachsen. Die kantigen Balken erinnerten kein bisschen an einen natürlichen Stamm mit Ästen und Austrieben; derartige Darstellungen vom „Baum des Lebens", oft sehr realistische, gibt es viele in der christlichen Kunst, und sie hatten uns immer besonders angesprochen. Bald spielten wir mit dem Gedanken, wenigstens eine Ranke daran klimmen zu lassen, aber irgend etwas hatte uns immer davon abgebracht. Feuerbohnen, die schnell hochschießen und Farbe geben? Die vertragen sich nicht mit den Kräutern darunter. Clematis? Dasselbe Problem, und bloßer Zierat soll es sowieso nicht sein. Efeu? Sinnreich, immergrün, leicht in Form zu ziehen, wächst überall – eben, gegen die Ausläufer kommen wir nie an!

Offenbar hatte der Kirchgarten nur auf den Weinstock gewartet. Denn plötzlich stimmte alles, die Pflanze, der Standort, die Symbolsprache. Jetzt haben wir wahrhaftig ein Gartenkreuz: Der behauene Stamm ist umzogen von dem immer kräftiger werdenden borkigen Stamm des Weins. Die glänzenden, schön gezackten Blätter, hellgrün, fast durchscheinend in der Sonne, lassen die tragende strenge Form darunter noch deutlich erkennen. Die Triebe weisen zum Himmel, neigen sich zur Erde. Fast wie auf dem berühmten Mosaik der römischen Kirche San Clemente: Da greifen die Ranken spiralig in den Raum aus, erfüllen das All, sind belebt von Blüten und Tieren. Und an dem gewaltigen Triumphkreuz in Doberan erscheint der Leib Christi, inmitten des Rebengeschlinges, als Verkörperung seines Wortes: „Ich bin der Weinstock." Sehr alt, frühchristlich schon ist dieser Bildgedanke, der Schöpfungsgnade und Erlösungstat in eins fasst. In unserem Kirchgarten ist er Wirklichkeit.

Mit anderen als spirituellen Früchten hatten wir gar nicht gerechnet. Das Münsterland ist ja nicht gerade eine Weingegend. Aber sei es, dass der

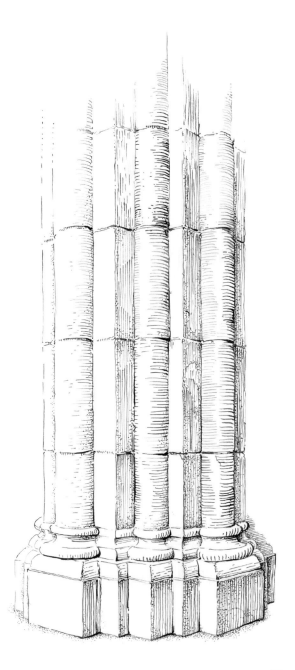

sonst so undankbare alte Bauschutt hinter der Kirche diesmal genau das Richtige hergab, sei es, dass die Sorte, die uns als besonders gesund empfohlen war, sich einmalig eignete („Phönix" – welch ein Name: Sinnbild des Auferstandenen), sei es, weil einer unserer Männer, Josef II., eine Begabung zum Winzer entwickelte. Jedenfalls, unser Weinstock trug schon im ersten Jahr. Unbemerkt von uns, unter dem Laub verborgen, hatten sich fünf Trauben gebildet, nur klein, aber vollkommen geformt, mit schimmernden mattgoldenen Beeren. Es war ein feierlicher Augenblick, als wir uns trauten, die erste Perle abzuzupfen, und fast konnten wir nicht glauben was wir schmeckten: eine wundervolle, seltsam würzige Süße.

Was sollten wir aber damit anfangen? „Für Messwein reicht's nicht," meinte Josef II. besorgt. Einfach verschmausen? Unmöglich.

Wir haben damals, und seither noch manches Mal, zur Lese eingeladen. Das heißt, wer kam, durfte sich ein Beerlein picken. Und wir haben immer wieder erlebt, wie die sichtlich heitere Erwartung der Gäste sich in Erstaunen wandelte, wie sie sich etwas scheu dem Weinstock näherten, wie sie behutsam nach den Trauben fühlten, kosteten, einen Moment überwältigt standen: Oh, ist das gut! wie sie sichtlich dachten: und so etwas vom Kreuz – und fröhlich, aber merkwürdig leise davongingen.

Nachdenklich, fast erschrocken erinnern wir uns einer mittelalterlichen Legende: Es wuchs einst im Walde ein Baum, der war herrlich wie sonst kein Baum der Erde. Denn er war aus einem Steckling gewachsen, der vom Paradies stammte, vom Baum des Lebens. Aber als er gefällt wurde, da taugte sein Holz nicht zum Hausbau und nicht zum Schiffsbau und zu gar nichts. Und es wurde weggeworfen. Bis eines Tages ein Kreuz errichtet werden sollte, für das die anderen Bäume sich nicht herzugeben wagten: Da war dieses Holz bereit, und es wurde zum neuen Baum des Lebens. Und wer gewürdigt war von der Frucht zu essen, die daran hing, der fand sich wieder im neuen Paradies ...

Wenn es etwas gibt, das noch schöner ist als etwas haben, dann ist es teilen. Das war uns immer klarer geworden, seit wir begonnen hatten, der Gemeinde unser Gartenpförtchen aufzutun. Inzwischen aber scheint es, als wollte die ganze Welt zu uns herein.

Schade, dass wir nicht beizeiten daran gedacht haben, ein Gästebuch zu führen. Denn es sind recht ungewöhnliche Besucher gekommen.

Manche freilich hätten sich nicht eingetragen. Da war jene unbekannte Frau, die wie mechanisch eintrat. Gesagt hat sie nichts, wohl auch nichts gesehen, mit den verweinten Augen. Aber vielleicht hat sie einen Moment lang Atem geholt. Ein andermal brachte uns jemand einen Stein, einen „Kummerstein": Der sei in einem Meditationskreis von Hand zu Hand gegangen, man habe Namen darauf geschrieben, unlesbar auf der rauen Fläche, Namen von Menschen in Not. Viele Namen seien es gewesen. Ob wir ihn hier vergraben könnten? Denn dies sei „ein guter Ort".

Ein guter Garten ist immer mehr als ein Lustgarten. Er bietet Zuflucht, er heilt. Der Kirchgarten sagt Willkommen.

Zahlreicher waren und sind die Besucher mit einem speziell gärtnerischen Interesse. Darunter fanden sich auch solche, die zunächst Berührungsängste zeigten: Protestanten verschiedener Provenienz, ein erklärter Buddhist, ein hartnäckiger und ein verunsicherter Agnostiker haben sich als anfällig für den geistlichen Charme des Kirchgartens erwiesen. Zeitungen entdecken uns, der Naturschutzbund, das Deutsche Liturgische Institut. Vor allem aber kommt es jetzt erstmals zu Begegnungen mit Leuten, die im Schmücken von Kirchen Praxis haben oder sie zu erwerben suchen: Küster und Blumenfrauen aus den umliegenden Gemeinden und Klöstern, selbst vom Dom zu Münster, schauen bei uns herein.

Der Grund: Im Jahr 2004 hatte die Katholische Frauengemeinschaft Deutschlands vom Diözesanverband Münster dazu aufgerufen, beim Blumenschmuck der Kirchen konsequent Importe zu vermeiden, sofern sie nicht nachweislich aus fairem Handel stammten. Auf diese Weise sollten für die Schnittblumenproduktion in der Dritten Welt umweltschonende und menschenwürdige Bedingungen erkämpft werden. Die Evangelische Frauenhilfe Westfalen und Brot für die Welt Westfalen hatten sich der Kampagne sehr bald angeschlossen. Denn ein solch umfassender Dienst, für die Bewahrung der Schöpfung, für die soziale Gerechtigkeit und damit für den Frieden, lässt sich nur im ökumenischen Miteinander leisten, in unzähligen kleinen Schritten.

Voll guten Willens zur Solidarität hatten viele Gemeinden sich verpflichtet, dieses Projekt umsetzen zu helfen. Bei Einkäufen erwies sich aber, dass entsprechende Angebote kaum zu finden waren und Alternativen aus regionalem Anbau nicht ausreichten, den Bedarf zu decken. Andere Gemeinden, die diese Schwierigkeiten voraussahen, machten erst gar keinen Versuch sich zu beteiligen, aber mit schlechtem Gewissen. Wie soll man's denn bloß machen? Sie sind glücklich dran, Sie haben einen Kirchgarten, hören wir immer wieder, und wir hören sehnsüchtigen Neid heraus.

Ja, wir wissen es, wir sind reich beschenkt. Und das verpflichtet. Es ergeht uns wie bei dem Wein, der mit unserem Gartenkreuz verwachsen ist: Es wäre unmoralisch, Glück, Fülle, Segen für uns allein zu behalten.

So ist es jetzt, als täten sich in unserer Umzäunung immer mehr Tore auf. In alle Richtungen, mit Wegen, die hinein führen, aber auch hinaus. Denn wir gehen nun selbst auf die anderen zu. Wir erzählen und zeigen, aber wir staunen auch, wir fragen, wir lernen. Und alle miteinander beginnen wir Erfahrungen, Ideen, Hoffnungen zu tauschen wie Ableger:

„Ganz viele Kirchgärten könnte es geben ..." – „In allen Bistümern ..." – „Auf der ganzen Welt!"

Die Erde könnte ein einziger großer Garten Eden sein, in dem der Herr mit den Menschen wandelt in der Abendkühle, Genesis 3,8 ...

Werden wir also praktisch:

Sie haben noch keinen Kirchgarten? Aber warum nicht? Sie meinen, Sie haben kein Grundstück? Aber Sie haben doch eins: Sie haben eine Gemeinde. Und in der Gemeinde sind Gärten. Und Vorgärten. Und Balkonkästen.

Erzählen Sie nun überall – aber wirklich überall, im Supermarkt und im Omnibus und beim Zahnarzt –, was Sie für den Blumenschmuck der Kirche brauchen. Zu Ostern, zu Pfingsten, für nächsten Sonntag. Gärtner geben gerne ab. Dabei entstehen, ehe man sich's versieht, Traditionen: Alle Jahre schenken Meiers den Flieder, Müllers den roten Rhododendron, Schulzes den Jasmin, der wird ohnehin zu groß. Und du, Meike, ziehst du wieder die Schmuckkörbchen für uns, Herr Dr. Schneider, könnten Sie nicht einen Quadratmeter reservieren für Sonnenblumen, zum Erntedank? Und freunden Sie sich mit den Stadtgärtnern an, mit den Friedhofsgärtnern, den Gärtnern vom „Botanischen": Die sind froh, wenn sie von ihrem Gehölzschnitt etwas loswerden.

Da bildet sich denn von selber ein Kirchgarten heraus, mit lauter Beeten, die zwar nicht durch Plattenwege miteinander verbunden, sondern durch Straßen und Parkplätze voneinander getrennt sind. Aber das macht nichts: Sie sind ja, wie ihre Patrone, die Meiers und Müllers und all die anderen unbekannten Heiligen des Herrn, auf den Baum des Lebens ausgerichtet, der die Mitte ist.

Und nun kommen Sie mit in unsere Pfarrkirche und schauen Sie, wie es drinnen grünt und blüht. Die Tür steht offen!

EIN HAUS VOLL GLORIE

DIE KIRCHE IM GARTENSCHMUCK

LASS UNSER WERK GERATEN WOHL

Fleißig wie MARTHA sind wir gern,
doch Übereifer missfällt dem Herrn.

Bitt, St. MATTHEIS, dass uns nicht Beil
noch Gartenschere tu Unheil.

Kalendersprüche aus dem Kirchgarten

MARTHA von Betanien (Fest 29. Juli), Jesu Gastgeberin, die sich von ihm mahnen lassen musste: „Martha, Martha, du machst dir viele Sorgen und Mühen. Aber nur eines ist notwendig ..." (Lukas 10,41).

MATTHIAS (Fest 24. Februar), Apostel an Stelle von Judas Iskariot. Hingerichtet mit dem Beil, Patron der Zimmerleute und der Schmiede. Wichtiger Tag für den Bauernkalender.

Kirchen gibt es, die sind wie Gärten, auch ohne eine einzige Pflanze darin. Da ragen Säulen wie Bäume, gemeißelte Palmwedel füllen die Gewölbezwickel, an Kapitellen entrollen sich Knospen, breiten sich Akanthusblätter aus, oder Ranken aus goldenem Stuck überspinnen die Wände.

Unsere moderne Theresienkirche hat nichts dergleichen aufzuweisen. Wenn wir noch das Mittelalter schrieben, dann würde sicher von der Decke eine gemalte Vegetation niederblicken, Verheißung des himmlischen Paradieses. Dafür wächst aber von unten herauf der Blumenschmuck, frisch aus dem Kirchgarten. Wie fangen wir es an, ihn hereinzuholen?

Wenn ich heute eine neue Helferin – meist sind es ja Frauen – einweise und miterlebe, wie ihr die erste Vase zu Bruch geht, das mühsam gefertigte meterhohe Gesteck umkippt, wie der Gartenschlauch, anstatt den Hundertliter-Krug zu füllen, unkontrollierbar herumschwingt und

das Ewige Licht auslöscht – dann denke ich stillvergnügt: Die ist auf bestem Wege, so haben wir's alle gelernt. Vielmehr, wir lernen alle nicht aus. Denn Blumenschmuck für die Kirche ist wie kein anderer.

Was wir bald begreifen: Ein Hobby ist das nicht. Es ist ein Dienst, den wir tun, das ganze Jahr über. Und zierlich damenhaft geht es wahrlich nicht zu dabei: Da wird mit Besen und Schrubber hantiert, mit Säge und Sackkarre.

Ein Kirchenraum stellt andere Bedingungen als ein Wohnzimmer. Unsere Kirche St. Theresien ist hoch und weiträumig. Lichtverhältnisse, Heizungsluft, Kältezonen und Durchzug müssen berücksichtigt werden.

Der Schwerpunkt des Raumes, die Mitte, um die sich die Gemeinde sammelt, ist der Altar, Symbol Christi. Dorthin bringen wir das Schönste, das Festlichste, das wir haben, als Zeichen der

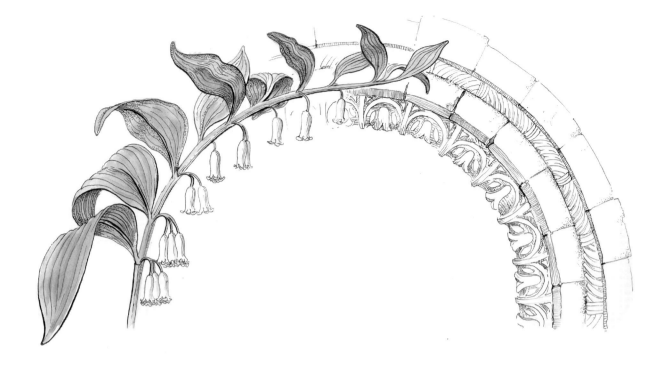

Verehrung. Gerade deshalb aber stellen wir keine Vase auf den Altar – der ist einzig und allein der stets sich erneuernden Gegenwart Gottes vorbehalten und somit „liturgisch eine Hochreinheitszone" (P. Steiner). Daneben, mit etwas Abstand, haben die Blumen ihren Platz.

Auch an anderen Stellen kann Blumenschmuck sinnvoll Akzente setzen, die entsprechend dem Kirchenjahr wechseln. Ambo, Tabernakel, Taufstein, Marienstatue, Heiligenbilder. Da heißt es also sich klar sein darüber, was die Liturgie uns vorgibt – als erstes lernen wir im Direktorium nachschlagen – und was die Natur uns dafür an die Hand gibt.

Wir müssen unsere Mittel kennen. Zum Beispiel:

– Farben. Manche werden im meist etwas dämmerigen Kirchenraum verschluckt. Nuancen wie Zartviolett und Bleu und Seladongrün sind verschenkt, auch manche tiefen Blau- und Rottöne, die im Freien beeindrucken. Wir haben aber doch manche Rittersporne und Phloxe von unbezwinglicher Leuchtkraft entdeckt und im Kirchgarten angesiedelt (siehe Register).

– „Füllmaterial" (ein garstiger, Leben verachtender Terminus, den wir nur ironisch zitieren). Es muss nicht das fade Schleierkraut oder Spargelgrün sein, das alles gleich macht. Der Garten bietet Knöterich, Spornblume, Gräser und vielgliedriges Grün genug.

– Vorratswirtschaft. Ausdrucksvolle Äste, Zweige und Wurzeln werden gehortet, auch allerlei Samenstände, die irgendwann einmal zu Ehren kommen.

– Trockenpflanzen. Sie sind durchaus nicht zu verschmähen, in den blumenarmen Zeiten, und allemal ehrlicher als künstliche Blumen oder die meisten Importe. Wir verstehen, dass sie in blumenarmen Gegenden geradezu eine

Kostbarkeit darstellen (in alten Inventaren von Sakristeien werden sie eigens aufgezählt) – was allerdings zu dem Ärgernis geführt hat, sie in der Kirche unter Glasstürzen zu bewahren. Vorsicht empfiehlt sich mit dem Akanthus, obwohl er im kargen Adventschmuck apart wirkt, weil er bei Erwärmung plötzlich mit seinen Samen um sich schießt, knallend wie ein Westernheld – ohne Rücksicht auf die Stille der Rorate.

– Einkäufe. Manche Pflanzen, wie Chrysanthemen, kommen uns billiger und zuverlässiger vom Markt, als wenn wir sie im Garten zögen. Wir erkundigen uns nach regionalem Anbau und haben, nicht ohne Mühe, für Ausnahmefälle (etwa die einzelne Rose, die das ganze Jahr über immer wieder ein Zeichen setzt, wie zu berichten sein wird) die noch immer seltenen Anbieter von Blumen aus fairem Handel ermittelt. Angebote der Saison nutzen wir, wo es sinnvoll ist: Kätzchenweide, die wir im Januar auf dem Markt finden, nehmen wir natürlich nicht, weil sie traditionell zum Palmsonntag gehört.

– Wildpflanzen. Wir beziehen sie gerne ein, oft werden sie für besondere Zuchtformen gehalten. Klette allerdings verwenden wir nie wieder, weil sie auch den bravsten Messdiener in Versuchung führt. Vor einiger Zeit waren tatsächlich Ratschläge für einen „alternativen" Kirchenschmuck in Umlauf, aber naiv und erkennbar unerprobt. Lasen wir doch allen Ernstes, das liturgische Weiß zu Ostern solle man mit Weißdorn oder mit Bärlauch darstellen. Aber der erstere riecht wie etwas zwischen Fisch und Käse, der andere intensiv nach Schwefel (ausgerechnet).

– Duft. Als Zeichen der Heiligung von großer Wichtigkeit. Eine kirchliche Empfehlung besagt, dass außer Blumen auch „wohlriechendes Laub" verwendet werden möge, besonders am Altar. Aber was ist wohlriechend? Von Katalogen lassen wir uns nicht verführen: Dort wird die Art der Düfte nicht differenziert, und vor allem nicht ihre In-tensität, wenn kein Luftzug sie wegträgt. Die herrlichen Lilien, die uns geschenkt wurden, mussten wir schleunigst wieder hinausschaffen, und selbst winzige Frühlingsblüten, etwa von Mahonie und Berberitze, dünsten im Raum etwas Schwüles aus. Weise gewählt, kann aber Duft ein besonderer Hinweis, sogar ein eigenes Thema werden, so vor allem bei der Kräutersegnung. Jedenfalls: Der Domvikar, der manchmal bei uns die Messe liest und den asketischen Gebrauch von Weihrauch leise murrend vermerkt, zeigt sich immer wieder angeheimelt: „Oh, es riecht gut katholisch!"

– Vasen. Zu denken, dass es auch dazu kirchliche Vorschriften gab oder gibt! Grundbedingung sei gut ein Dutzend von völlig gleichen, so Rütter, vor hundertzwanzig Jahren, damit man sie schön symmetrisch aufbauen könne. Zumal der Tabernakel müsse immer gleichmäßig eingefasst sein. Das Größenverhältnis zu den Leuchtern sei wohl zu beachten. Die Farbe sei möglichst golden, eine zweite Garnitur silbern, und damit die kirchliche Bestimmung kenntlich sei, solle man entsprechende Embleme selbst darauf malen.

Andere Zeiten ... Als die Theresienkirche vor einigen Jahren zu ihrer heutigen strengen Nüchternheit umgestaltet wurde, erklärte uns der Beauftragte, in diesem Raum könne er – wenn denn Blumenschmuck bedauerlicherweise sein müsse – einzig schwarze Vasen dulden. Dabei muss die Kirche einst einen Grund gehabt haben, schwarze Vasen ausdrücklich zu verbieten, zumindest in der Nähe des Tabernakels.

Wie sieht die Praxis aus? Wir haben ein ziemliches Sammelsurium. Greuel sind zum Glück keine darunter. Wir brauchen für den hohen Raum, den wir mit oft hohen Zweigen und Riesenstauden schmücken, vor allem große Bodenvasen, die wir im Innern mit Einsätzen trickreich verkleinern, um Wasser zu sparen. Wir benutzen aber auch Gurkengläser und Übertöpfe und Holzklötze und

Einkaufskörbe, Puddingschalen und Gänsebräter (die profane Herkunft wird taktvoll verkleidet). Hinzu kommen einige moderne Gestelle und Schalen. Nicht, dass die Gefäße völlig beliebig wären: Sie dienen dazu, eine Gabe zu fassen und darzubieten, wie es der Art der Pflanzen und dem Stil des Schmucks gemäß ist. Aber wirklich zählt nur, dass man dem Strauß ansieht: Wir selber halten ihn hin, mit Herz und Händen.

Wie der „Theresienstil" eigentlich entstanden ist? Wir hatten drei Lehrmeister ...

Erstens war da Helena, die unerreichte Vorgängerin. Über 30 Jahre Erfahrung hatte sie uns voraus, und was sie an uns weitergab, ersparte uns Kurse und manchen Irrweg. Sie führte uns in die Traditionen der Gemeinde ein, vererbte uns diplomatische Beziehungen zu hilfreichen Nachbarn und Marktfrauen. Sie brachte uns bei, dass die kundige Blumenfrau Verbandszeug bereithält, weil Gartenscheren zwar alle lachen (laut Jürgen Dahl), aber auch mal beißen, obwohl

keine so gemein schneidet wie das Pampasgras. Und dass in die Sakristei ein eigener Kalender gehört, für Termine von Taufen, Heiligenfesten „und, denkt daran, ab und zu Urlaub!"

Unser zweiter Lehrmeister wurde der Kirchgarten. Von ihm geprägt, respektieren wir die Pflanzen in ihrer natürlichen Erscheinung. Wir schneiden also langstängeligen Blumen nicht die Köpfe ab, um sie zur Pyramide zu türmen, und stellen auch nicht Gebilde her, die einer modernen Galerie entsprungen scheinen.

Wir verdanken dem Garten viele inspirierende Entdeckungen. Zum Beispiel, dass ein einzelner Zweig vom Blumenhartriegel einen ganzen Maialtar ersetzt. Oder dass eine nicht aufgebundene, krumm geratene Staude sich in der Vase plötzlich von bizarrem Reiz erweist. Und welche Schönheit und Ausdruckskraft selbst im Vergehen liegt: Die herbstlichen Blätter der Funkie, gelb und braun gemasert, holen wir Jahr um Jahr wieder in die Kirche, und sei es nur für wenige Tage. Darum

Davon zeugen noch heute viele volkstümliche Pflanzennamen. Herrgottsmäntelein, Liebfrauenbettstroh, Salomonssiegel ... Wenn man ihnen nachlauscht, erkennt man darin geradezu eine geistliche „Signaturenlehre": äußere Merkmale, die Assoziationen an das Himmlische und Kirchliche auslösen.

Den Tiefsinn solcher Verknüpfungen spiegelt besonders die Tafelmalerei des späten Mittelalters. Da wird immer wieder, am Rand eines biblischen Geschehens oder zu Füßen einer heiligen Gestalt, die eine und andere Pflanze wiedergegeben, mit aller Akribie. Bald wirkt sie wie zufällig, ja verspielt, bald demonstrativ hingestellt. Immer aber bedeutet sie mehr als sich selbst, mehr als Schmuck. Es ist die Bildsprache der Mystik, die hier Ausdruck findet.

Können wir uns Zugang erschließen zu dieser Gedankenwelt? Versuchen wir es mit drei Beispielen.

kehren wir auch die abgefallenen Blüten und Blätter nicht gleich weg: Sie sind ebenfalls Zeichen für den Schöpfungsplan, und was die Ästhetik betrifft, so lassen Rittersporn, Goldfelberich, Indianernessel Muster herunterrieseln, wie von eifrigen „Engelchen" bei der Fronleichnamsprozession hingestreut.

Fotos allerdings geben selten die Lebendigkeit dieses Schmucks wieder, nur was daran unvollkommen ist. Manchmal enttäuscht uns das ein wenig (denn auch wir sind nicht vollkommen). Dann aber wissen wir es wieder: Blumen, die wir vor Gott bringen, sind nicht zum Festhalten im Album da. Sie verschenken sich im Augenblick. Und der ist in der Ewigkeit gut aufgehoben.

Zum dritten war es die Symbolik der Pflanzen, von der wir lernten. Freilich liegt Symbolik, wie Schönheit, im Auge des Betrachters. Sie ist, selbst innerhalb unseres Kulturkreises, nicht eindeutig, bis auf die rote Rose vielleicht. Die affektierte so genannte „Blumensprache" hatte nie Gültigkeit über eine Salonwelt hinaus. Unvorstellbar weit verbreitet, bei Gelehrten und Ungelehrten, war dagegen die christliche Symbolsprache der Pflanzen.

Das Veilchen gilt uns sprichwörtlich als Inbild der Bescheidenheit. Niedrig wächst es, von anderen Pflanzen weit überragt, aber sein Duft ist kostbar. So wird es zum Symbol für die edelste christliche Tugend, die Demut, und damit in besonderer Weise für die Magd des Herrn. Aber wieso blüht es dann unter dem Kreuz? Da heißt es weiterdenken: Der Gottessohn, der vom Himmel herabstieg und gehorsam ward bis zum Tod, er ist wahrhaftig „der König der Demut". Und deutet nicht das Violett auf die Passion? Oder ist es vielmehr der Purpur des Königsmantels?

So bringt Jesus, der Löwe aus Juda, mit seinem Schmerzensschrei den Seinen das Leben ... Auch vor dem leeren Grab wächst der Löwenzahn, der Osterglocke zugesellt: Passion und Auferstehung sind untrennbar. Und zu Füßen der schmerzensreichen Maria, der Mutter des Löwen.

Das ist sicher für uns weit hergeholt. Beziehen wir unser eigenes Wissen ein: Der Löwenzahn ist eine Heilpflanze. Also eine Pflanze des Heils. Was könnte natürlicher sein.

Schließlich das Maiglöckchen. Unter seinem Bild besingt ein Lied aus dem 15. Jahrhundert Maria als „Wonne aller Blumen": „Gegroisst sy, mechdesoesse fyn, / aller blomen wunne, / de van nature eren kris / al niget nar de sunnen." (Gegrüßet seist du, feine Mädchensüße, / aller Blumen Wonne, / die du von Natur aus deinen Bogen / ganz nach der Sonne neigst).

Unter dem Kreuz sprießt auch der Löwenzahn. Offenkundig kommt diesem Allerweltsgewächs hier eine Aussage zu. Tasten wir uns beobachtend und meditierend heran:
– die Blüte: eine Sonne, strahlend wie das Gesicht des Herrn in der Verklärung;
– der Saft: bitter, wie das Leiden des Herrn;
– die Blätter: scharfgezackt, ja, man versteht die ursprüngliche Namengebung Dens leonis, Zahn des Löwen. Der Löwe aber – so erklärt der Physiologus, der antike Naturlehre mit christlicher Betrachtung verbindet und weit über tausend Jahre die Sinnbildkunst geprägt hat – der Löwe erweckt seine toten Jungen mit seinem Brüllen:

Das Maiglöckchen wird zu einem Symbol der bräutlichen Erwartung, der Hinwendung zu dem kommenden Herrn. Es erscheint auf Darstellungen der Verkündigung, aber ebenso vom Jüngsten Gericht. Lilium convallium lautete darum ihr ältester botanischer Name: Die Lilie der Täler, das ist die Braut des Hohenliedes, die wiederum gedeutet wird als Maria, als die Kirche, als die Seele. Noch in der heutigen wissenschaftlichen Bezeichnung, Convallaria majalis, klingt etwas von dieser Sinngebung an.

Ist nun davon etwas für den Blumenschmuck der Kirche zu gebrauchen? Gewiss passen Maiglöckchen zum Maialtar, aber Veilchen dürften kaum für ein Feldkapellchen ausreichen. Und die Blüte des Löwenzahns schließt sich im dämmerigen Raum, außerdem müssten wir

einiges an Erklärungen dazu abgeben – dafür ist der Kirchgarten der geeignetere Ort. Auf konkrete Nutzanwendung, womöglich Nachahmung kommt es weniger an, obwohl wir manches aufgreifen oder abwandeln. Wohl aber können wir uns, nach Art der Mystiker und der Maler, der Hochgebildeten und der einfachen Menschen von damals, in deren Haltung zur Natur üben. Wir können ebenfalls, mit genauem Hinsehen und mit schweifenden Gedanken, auf Tier, Pflanze, Mineral zugehen und fragen: Du, mit deiner Art – was willst du mir für ein Zeichen geben von deinem und meinem Schöpfer?

Aus solchem Geist heraus bedenken, erfühlen, formen wir den Blumenschmuck für die Kirche. Möchte es uns gelingen, uns Geschöpfen, mit unserer Art ein Zeichen zu geben.

MORGENGLANZ DER EWIGKEIT

Wie sich der Schöpfer offenbar',
bitt, HERMANN, dass wir's nehmen wahr.

Was wir ererbten, was wir erbaun,
lasst's uns, wie GOTTFRIED, dem Herrn vertraun.

Kalendersprüche aus dem Kirchgarten

HERMANN JOSEF von Steinfeld (Fest 21. Mai), gest. 1241. Prämonstratenser, Mystiker, Dichter. In einer Vision während der Messe erschienen ihm bei der Wandlung im Kelch drei Rosen.

GOTTFRIED von Cappenberg (Fest 13. Januar), 1097-1127, Graf, übergab 1122 die Burg seiner Väter dem Prämonstratenserorden zum Umbau in ein Kloster und trat selbst darin ein.

Tun wir nun miteinander einen Gang durch das Jahr des Herrn, wie es sich im Blumenschmuck unserer Kirche darstellt.

DER WEIHNACHTSFESTKREIS

Advent

Während draußen die Weihnachtsmärkte mit Kirmesgetriebe und Karussellgedudel auf „Stimmung" machen, wird es in der Kirche ganz still. Der Advent nimmt ja gerade nicht vorweg, er lehrt uns warten, warten und uns vorbereiten. Die Jahreszeit, wie sie hierzulande ist, stellt uns ein Meditationsbild dazu vor Augen: Alle Lebendigkeit der Natur hat sich nach innen zurückgezogen. In diesem Sinn schmücken wir unsere Kirche. Pünktlich zum ersten Advent oder an St. Andreas (30. November), dem „Silvester des Kirchenjahres", nehmen wir die letzten Blumen weg. Wir stellen noch keine Tannenbäume auf, auch keine Stechpalmen, nichts, was an traditionellen Weihnachtsschmuck erinnert. Längs der Wände strecken sich winterlich kahle Äste (besonders ausdrucksvoll ist der Amberbaum mit seinen Korkleisten) wie leere Arme in die Höhe: Tauet, Himmel, den Gerechten... Wir schlingen vielleicht eine Ranke der wilden Clematis mit ihren fiedrigen Fruchtständen hindurch – „Wie wenn die Milchstraße in den Zweigen hängengeblieben ist", so sah es ein Kind.

Nur am Altar steht eine große Vase, darin gesellen sich einige wenige blaugrüne Zweige, vielleicht von der Zeder, die aber schnell abfällt, sonst von Wacholder oder Thuja, zu dem wirren Geäst der Schönfrucht. Deren Beeren hätten zwar einen bildschönen Herbstschmuck abgegeben, aber wir haben sie aufgespart, und nun erst kommen sie zu Wort; ihr Violett, wie das der Messgewänder, verkündet: Es ist Bußzeit. Wir verstärken ihre

wundervoll liturgische Farbe (die nach einer Weile stumpfer wird) mit getrocknetem blauviolettem Strandflieder, mit braunvioletter Fetter Henne. Der Strauß hält den ganzen Advent über, aber er wandelt sich ein wenig von einem Sonntag zum andern; so können die riesigen verholzten Samenstände vom Sternkugellauch – ohne Vergoldung – oder Tupfer vom Silberling hinzukommen, die im dunklen Kirchenraum geheimnisvoll schimmern.

Und natürlich verlangt am dritten Advent – Gaudete, Freuet euch! – die Liturgie (und das Herz) nach dem Rosa. Wir fügen keine gekauften Treibhaus-Chrysanthemen bei, die um diese Zeit oft kränkeln oder auch ingrimmig gefärbt sind, auch nicht die aus Bolivien eingeflogenen Nelken, sondern wir halten uns an die Strohblumen, die Spreublume und den Strandflieder, die wir vom Sommer her aufbewahrt haben, und die alle eine überraschend lebhafte Farbe aufweisen. Zugleich leuchtet vom Chorraum her verheißungsvoll ein einzelner rosa Weihnachtsstern aus dem knorrigen Wurzelwerk hervor, das dort aufgebaut ist; das trägt Woche um Woche eine weitere Adventskerze und einen weiteren Kiefernzweig, bis zuletzt eine Art Wald daraus zusammengewachsen ist, der schützend die Geburtsgrotte umsteht.

Weihnachten

Erst zum 24. Dezember stellen wir die großen Tannenbäume in die Kirche, hängen so spät es nur geht die Strohsterne und Lichterketten daran. Die Krippenlandschaft freilich, die einigen Arbeitsaufwand verlangt, muss schon vor dem Heiligen Abend aufgebaut sein. Wir fassen sie nicht realistisch auf: sondern als wäre die Erde zum Himmel geworden, so sieht es um den Stall herum aus. Hellgelbe Weihnachtssterne – große und kleine Exemplare – reflektieren förmlich das Licht der Kerzen, und gelblaubige Ranken oder lange Zweige von Efeu oder Spindelstrauch säumen einen Weg, der vom Kirchenschiff über die Chorstufen, immer heller werdend, zum Christkind hinaufführt.

Am schönsten ist es, wenn Heiligabend ein „Blütenbaum" an der Krippe steht, von der frühen japanischen Zierkirsche oder der Zaubernuss – „es blühen die Maien bei kalter Winterszeit", so singt das Hirtenliedchen. Aber das will uns oft nicht gelingen. Es mag an den Sorten liegen oder auch daran, dass manche empfohlenen Techniken des Treibens – etwa das Waagerechtlegen großer Zweige in der Badewanne – in einer Sakristei nicht zu realisieren sind. Wir haben uns zur Pflanzung der so genannten Weißen Forsythie raten lassen, die zuverlässig sein soll, aber wir haben noch keine Erfahrung damit.

Weihnachtssterne dürfen wir getrost kaufen: Sie sind heute aus regionalem Anbau zu haben, und es freut uns, dass sie ursprünglich aus dem Heiligen Land stammen. Ganz sicher möchten wir zu dem großen Fest der Freude nicht ängstlich sparen müssen. Doch würde der Garten auch dabei helfen; wir experimentieren noch. Was wir schon entdeckt haben: Die strahlenden Amaryllis in der Altarvase müssen durchaus nicht von Baumwolle oder von Eukalyptus begleitet sein, wie überall in den Geschäften angeboten, sondern sie harmonieren überraschend mit Silberling oder mit Morgensternsegge (die wir ein wenig weißen – mühsam aber konsequent in Handarbeit, nicht etwa mit Spray).

Für die Krippe stehen natürlich alle Immergrünen zur Verfügung, um eine bewährt deutsche oder auch eine palästinensisch wirkende Landschaft zu bauen – Säulentaxus und Thuja geben sehr glaubwürdige „Zypressen" ab. Zu Erscheinung des Herrn weist eine echte morgenländische Dattelpalme auf die ferne Heimat der drei Könige (freilich nicht aus dem Kirchgarten, aber immerhin in hiesiger Erde aus dem Kern gezogen).

Damit ist die eigentliche Weihnachtszeit schon zu Ende. Mein Wunsch wäre es, zu diesem Tag einmal den Taufstein zu schmücken. Die frühen reinweißen, so genannten echten Christrosen blühen bei uns wirklich rechtzeitig und reich, und im nächsten Jahr werden es noch mehr sein. Sinnreich wäre dazu statt des Tannengrüns, das auf uns „weihnachtlich" wirkt, das braune Tannenreisig, von dem die Nadeln abgefallen sind, in seiner winterlichen Herbheit; herb ist auch der Weg Jesu, nach seinem Hervortreten aus dem stillen Dasein in Nazaret. In unserer Kirche grenzt der Taufstein an die Krippenlandschaft, was das Schmücken erschwert. Die sollten wir wirklich einmal anders aufbauen, um mit unseren Blumen auf dieses wichtige, oft übersehene Fest hinzuweisen.

Darstellung des Herrn – Mariä Lichtmess

Noch einmal ein Fest von weihnachtlicher Thematik. Noch einmal leuchten die Kerzen auf. Bei uns gibt es keine Prozession, aber wir stellen vor die Marienfigur ein Bäumchen aus hellgelblicher geschälter Korkzieherhasel, mit kleinen runden Kerzen wie mit Blütenknospen besetzt.

Das Thema des Tages, nämlich das Licht zu preisen, das die Heiden erleuchtet, ist das Thema auch des Blumenschmucks. Der Vorfrühling hilft uns dabei: Das Vortreiben von Kornelkirsche und Forsythie gelingt um diese Zeit spielend, und die letzten hellen Weihnachtssterne, die von der Krippe noch übrig sind, verbinden sich sinnreich mit den ersten gelben und weißen Kissenprimeln. Sehr schön lässt sich die gelbbunte Ölweide verwenden. Einige ihrer Zweige drehen wir um und lassen das Silber der Unterseite aufglänzen. Für einen festlichen Akzent an Altar und Tabernakel – da es ja ein Herrenfest ist – leisten wir uns ein paar der

Aber wenn es Blumen sein sollen? Schön wären Christrosen. Oder man hilft sich so wie früher in ländlichen Gebieten und sammelt beizeiten die verschiedensten Gräser. Welche Möglichkeiten bietet da erst der Garten von heute: nicht nur die wohlbekannten abgestorbenen Hortensienblüten (die durchaus nicht vergoldet sein müssen), da sind außerdem die elfenbeinfarbenen, zu Kräuseln eingeschnurrten Rispen des Geißbarts, die wir von Fronleichnam her aufgehoben haben, die silbrigen Blütenkerzen vom Wolligen Ziest, die steilen Samenstände der Silberkerze, die wunderlich verkrümmten des Virginischen Ehrenpreis, die vielgestaltigen von Gelenkblume, Brandkraut, Funkie, und sogar trockene Blüten in gedämpften Farben, Schafgarbe und Rainfarn und Fette Henne. Das alles gibt einen keineswegs armseligen Schmuck von sehr besonderem Reiz.

blassorangenen Lilien, die jetzt zu haben sind, sie steigern die Gelbtöne. Grün setzen wir bewusst sparsam ein, und wenn, dann von deutlich anderer Form und Färbung als in der Weihnachtszeit, so etwa den rundblättrigen Spindelstrauch.

DER OSTERFESTKREIS

Fastenzeit

Eben noch hat uns der Strauß vom Karnevalssonntag angelacht, mit einer verirrten Luftschlange in den Forsythienzweigen, den ersten knalligen Topfprimeln und ein paar kunterbunten Tulpen (vom Markt geholt, aus holländischem Gewächshaus natürlich, manchmal muss es sein) – da schlägt das Bild um: Aschermittwoch. Keine Blüte, kein Blatt. Die einzige Farbe geben die Ruten vom Hartriegel beim Altar, blutrot. Wirre Korkzieherweide, staksiger Holunder, lange Bögen von Heckenrose führen uns die gebotene Askese vor Augen. Doch sie alle überziehen sich in den nächsten Wochen mit zartem Grün und manchmal ersten Blütchen: Die Zeit der geistlichen Erneuerung fällt hierzulande ja mit dem Erwachen des Frühlings zusammen – „Blüh auf, gefrorner Christ", ruft Angelus Silesius, „der Mai ist vor der Tür! Du bleibest ewig tot, blühst du nicht jetzt und hier!"

Zum vierten Fastensonntag – Laetare, Freue dich! – sorgen wir natürlich für das liturgische Rosa. Zwar mit dem frühen Schneeball gehen wir vorsichtig um, wenn wir nicht sogar ganz auf ihn verzichten, obwohl wir, auch bei noch winterlichen Temperaturen, sicher auf ihn rechnen dürfen. Sein Honigduft nämlich wirkt sich im geschlossenen Raum unangenehm drückend aus. Dafür lässt sich aber der Mandelbaum – der echte aus dem Lande Jesu, den uns freilich jemand schenken muss, weil er im Kirchgarten nicht wächst – mit seinem zarteren Duft leicht treiben. Und japanische Kirsche, Blutpflaume, frühe rosalila Azalee, auch Zierquitte (irgendeine von den roten, die beim Vortreiben zu Lachs verblassen), sie lassen Blumen nicht vermissen. Nur zu Füßen der Muttergottes setzen wir die ersten Bergenien, wenn wir sie schon haben.

Nach diesem kurzen Aufatmen vor der Passionszeit, dem ersten Ahnen der Osterfreude, trifft uns umso härter der folgende Passionssonntag. Im Chorraum erhebt sich ein mächtiges Balkenkreuz in violetter Verhüllung, daneben ein Dornenkranz, ein Meter im Durchmesser, geflochten aus der Stacheldrahtrose (sie sieht so aus, wie sie heißt). Auch am Altar mahnen Dornen, schwarz, fast fingerlang, von der Gleditschie; wir heben sie auf und verwenden sie jedes Jahr wieder, trocken, denn ihre beängstigende Erscheinung soll ja von keinerlei lieblichem Austrieb geschönt werden. Zu ihnen gesellen sich, ohne sie zu verdecken, am Palmsonntag Buchs (der großblättrige ist ausdrucksvoller) und Weidenkätzchen, die hiesigen „Palmen". Sonst nichts – die Kinder sind Schmuck genug, wenn sie um den Altar stehen und ihre bunten Palmstöcke schwenken: Gelobt sei, der da kommt!

Am Gründonnerstag „wächst" das Altargesteck nochmals: Wir fügen die festlichen Calla hinzu, im liturgischen Weiß, wohl wissend, dass sie als klassische Totenblumen gelten. Besonders liebevoll, zum Dank dafür, dass nach der Einsetzung des Altarsakramentes der Herr immer bei uns ist, schmücken wir heute den Tabernakel, ganz in Weiß: mit Kirsche, Zierquitte, Narzissen (am liebsten den feinen wilden, die wegen ihres überreichen Duftes und der rotgoldenen Krone „Jesusblumen" heißen), dazu mit Schlehe, deren Blüten winzig, aber unglaublich strahlend sind. Doch wie zum Gloria Orgel und Glocken noch einmal jubeln und dann verstummen, so ist nun jäh die Zeit auch des Blumenschmucks zu Ende.

Die Altäre werden „entblößt", so verlangt es die Liturgie. Langsam und schweigend heben wir, ehe die Ölbergstunde beginnt, vor den Augen der Gemeinde alle Blumen aus den Vasen (wir haben sie entsprechend vorbereitet) und tragen sie, in violette Tücher eingeschlagen, hinaus. Erschreckend einsam bleibt das Allerheiligste zurück, in dem kahlen Raum auf dem schwarzen Block des Altares ausgesetzt.

Am Karfreitag, dem Tag der Kreuzigung und des Todes Jesu Christi, ist die Kirche ganz Trostlosigkeit. Riesig ragt das enthüllte Kreuz in der Leere auf.

Am Karsamstag bleibt die Eingangstür unserer Kirche verschlossen, mit weißen Laken wie von Leichentüchern verhängt: Die Kirche ist nur noch Grab. Verborgen in einem armseligen hölzernen Tabernakel ruht der Leib des Herrn. Dort halten still die weißen Blumen aus.

Ostern

Doch in der feierlichen Osternacht kehren auch die Blumen wieder, jetzt aber das Weiß vermischt mit dem glühenden Scharlach von Rosen und Zierquitten, und plötzlich sehen die Calla aus wie schmetternde Trompeten! Das ragende Kreuz hat sich gewandelt, ist Siegeszeichen geworden. Zwar der Kranz, der seit dem Karfreitag die Gestalt des Gekreuzigten umgibt, besteht noch immer deutlich erkennbar aus Dornen, aber nun grünt er von Buchs, blüht er von Rosen in der Farbe des Triumphes, des Blutes, der Liebe. In gleicher Weise ist die Osterkerze, das Sinnbild Jesu Christi, geschmückt: Tod und Auferstehung gehören zusammen.

Bewährt hat sich die Rose „Mercedes", die auch im Verblühen nicht an Intensität der Farbe verliert. Dass die notwendigen wassergefüllten Reagenzgläser etwas hervorblitzen, stört niemanden, im Gegenteil: „Wie der Tau am Ostermorgen", meinte jemand, und jemand anderes: „Wie die letzten Tränen vom Karfreitag..." Dank diesem technischen Trick jedenfalls und bei nur einmaliger Erneuerung gelingt es, unseren Schmuck gut vier Wochen lang zu halten. Das ist umso wichtiger, als viele Familien ja in den Ferien verreist sind und bei der Heimkehr voller Freude das vertraute Bild vorfinden: „Ach, jetzt ist erst richtig Ostern, obwohl es sonst schön war auf Mallorca!"

Was holen wir noch aus dem Garten? Endlich, endlich die Osterglocken – wie schwer fiel es uns, in der Fastenzeit darauf zu verzichten, als der Garten davon überlief! Wer wagt da zu mäkeln, dass ihr Eidottergelb farblich nicht ins Konzept passe?! Weiß gibt uns in Fülle die Vogelkirsche, notfalls auch die Felsenbirne, die allerdings bald abfällt, und hoffentlich blüht die große Magnolie rechtzeitig – dann stellen wir sie, sei es auch nur für wenige Tage, zur Mutter Gottes, damit sie mit ihren weithin leuchtenden Blüten ihr und uns zuruft: Freu dich, das Leid ist all dahin, halleluja!

Christi Himmelfahrt

Schon heißt es Abschied nehmen vom Auferstandenen. Immer viel zu bald, auch wenn wir
es einsehen und singen: „Des solln wir alle froh
sein ..." Der Dornenkranz blüht noch immer, aber
stiller, weiß, mit Margeriten oder Chrysanthemen
besteckt. Zu Füßen des Kreuzes reckt sich die
königliche Schwertlilie auf, daneben der schöne
weiße Riesen-Zierlauch – man muss nicht wissen,
dass er „Mount Everest" heißt, um seine Botschaft
zu verstehen: Hoch, hoch hinauf! Und dasselbe
sagt die Wiesenraute mit ihren duftigen, weißen
oder violetten Wolken, die es sogar noch höher
bringt.

Vor allem aber gehört zu diesem Fest die wilde
Akelei, die größte und blaueste, die wir finden
können. Sie ist eine durch und durch geistliche
Blume und in der Symbolsprache des Mittelalters,
in Dichtung und Malerei, wie keine andere die
Blume Christi; „Herrnblume" nennt sie auch der
Volksmund. Schon ihre Farbe stellt den Bezug
zum Himmel her, und die beständig wiederholte
Teilung ihres Blattes in die heilige Drei, wie
auch die Blüte, in der sich die Gestalt der Taube
wiederholt, bringt naturgemäß eine theologische
Deutung mit sich.

Wunderlich nur für unsere modernen Ohren,
für mittelalterliches Denken aber gerade
folgerichtig, klingt ihr Name, „aglei", an das
kabbalistische Geheimwort AGLA an, das aus
den Anfangsbuchstaben des hebräischen Atha
Gibbor Leolam Adonai gebildet ist: Du – Held – in
Ewigkeit – o mein Herr ... Kein ausformuliertes
Gebet also, sondern Anrufung, die sich erst im
meditativen Wiederholen füllt: du bist – warst
– bist du? – sei – sei gepriesen – sei barmherzig
– und immer wieder: du ... Wir binden die Akelei
nicht zum Strauß, sondern lassen die einzelne,
wundervoll gebaute Pflanzengestalt sprechen,
rufen, bitten, preisen, stellvertretend für uns.

Pfingsten

„Pfingsten, das liebliche Fest ...“? Sicher zitieren wir Goethe, sicher freuen wir uns am Grünen und Blühen von Feld und Wald! Aber Pfingsten ist doch viel mehr als ein Frühlingsfest. Großzügig und strahlend soll der Schmuck sein, mit dem wir den Geburtstag der Kirche feiern. Das gewaltige Brausen vom Himmel her, der Orgelklang mit allen Registern – wir möchten darin einfallen, mit einem Getöse von festlichen Farben. Aber nie sonst ist es so schwierig, dem Garten das Rechte abzulocken. Was nützt uns der zarte Flieder? Rot wünschten wir uns, die Farbe des Feuers und des Heiligen Geistes, rot wie die Messgewänder! Aber auch die spätesten roten Tulpen, von denen wir eigens die lilienblütigen, mit ihrer Flammenform, gesetzt haben, sind oft schon verblüht, die frühesten Pfingstrosen noch nicht erschlossen, Rotdorn und Weigelie in ihren Tönen stumpf.

Also suchen wir auf andere Art Leuchten und Fülle in die Kirche zu bringen: etwa mit einer wirklich feuerfarbenen Azalee. Zwei frühe Rosen, Maigold und Chinesische Goldrose, blühen meist zur rechten Zeit. Oder, obwohl die Leguminosen nun einmal nicht lange halten: Wir nehmen Goldregen, oder Ginster – es darf nicht der modische elfenbeinblasse sein, sondern nur der wilde, goldene, vielleicht bekommen wir auch ein paar Zweige von der roten oder geradezu flackernden zweifarbigen Sorte. Funken sprüht der gefüllte Ranunkelstrauch, Fackeln bildet der schöne altmodische Goldlack, der duftet obendrein köstlich, und er steuert warme Bronzetöne bei, wie eine holländische Iris, die oft eine pünktliche „pinxter bloem“ ist. Wenn wir einmal die vornehmen Gerbera kaufen, in orange und rot, dann steigern die sich mit dem Gelb des simplen Goldfelberich, von dem wir ganze Urwälder haben, und vielleicht den ersten scharlachfarbenen Spornblumen vor dem Dunkelrot von Blutpflaume oder Blutbuche zu einem Bild von pfingstlicher Wirkung.

HERRENFESTE
IN DER ZEIT IM JAHRESKREIS

Dreifaltigkeitssonntag

Am Dreifaltigkeitssonntag steht meist der Schmuck von Pfingsten noch. Wir sollten aber doch versuchen, auf das zentrale Dogma des christlichen Glaubens besonders hinzudeuten. Vielleicht gelingt es uns, die Blumen und Zweige am Altar so umzugruppieren, dass eine klare Dreierform hervortritt. Im Elsass trug man an diesem Tag Stiefmütterchen, die „Dreifaltigkeitsblumen“, in die Kirche. Bei uns sind sie dann oft schon verblüht. Ihre Rolle übernehmen jetzt die Hornveilchen. Die wären für St. Theresien als Schmuck zu klein. Aber für den Altar der nahe gelegenen evangelischen Kapelle brachte ich einmal ein Gesteck davon mit, als blühendes Zeichen für das Gemeinsame: Die Reformation hat zwar viele Feste abgeschafft, aber der Sonntag Trinitatis ist geblieben.

Fronleichnam

Dies ist nun endlich das Fest der verschwenderischen Fülle des Frühsommers. Das reiche Gepränge alter Zeiten freilich ist in unserer

kleinen Gemeinde nicht möglich. Unbedingt aber gehört noch immer der Geißbart dazu, mit dem hierzulande früher ganze Straßenzüge für die Prozession geschmückt wurden. Wir füllen die Kirche mit den prächtigen Wedeln an, die in das vielfach abgestufte Blau von Glockenblumen und Rittersporn Helligkeit bringen, und mischen rosa Pfingstrosen und Fingerhut in allen Tönen hinein. Die Wildgladiole, deren Zwiebeln sich im Kirchgarten rapide vermehrt haben, fügt dem Pastell ein kräftig leuchtendes Karmesin bei. Der duftende Jasmin in großen Büschen darf nicht fehlen, auch wenn er bald welkt. Alle diese Pflanzen haben jetzt ihre große Zeit und scheinen sich zum Dienst vor der Monstranz förmlich zu drängen.

Herz-Jesu-Fest

Am Freitag der 3. Woche nach Pfingsten setzen wir ein besonderes Zeichen am Tabernakel. Im Kirchgarten blühen dann (hoffentlich) die späten tiefroten Pfingstrosen, roter Fingerhut, die karminfarbene Vexiernelke. Oder wir nehmen eine einzelne weit geöffnete rote Rose, Symbol hingebender Liebe, und dazu vielleicht silbernen Salbei. Nicht nur der Farbwirkung wegen: Die Salvia ist die Heilpflanze schlechthin („Warum sollte ein Mensch sterben, der Salbei im Garten hat?", sagt ein viel zitiertes altes Wort). Das kann uns plötzlich berühren – salvare heißt heilen, Salvator heißt Heiland.

Verklärung Jesu

Einmal, weiß ich noch genau, stand ich, kurz vor dem Fest am 6. August, im Kirchgarten und sah hoch in den Perückenstrauch, auf seine hellgoldenen Samenstände, die wie geballte Luft sind, blickte auf zu dem riesigen goldenen Sonnenhut, der vor dem hochsommerlich blauen

Kreuzerhöhung

Nicht allein am Karfreitag ehrt die Kirche das heilige Kreuz in besonderer Weise, sondern auch am 14. September, diesmal mit einem triumphalen Fest: ursprünglich zum Andenken daran, dass einst das verlorene „wahre" Kreuzesholz mühevoll zurückgewonnen wurde, heute in der Freude darüber, dass uns das Kreuz in Wahrheit unverlierbar ist. Unser hohes schmales Standkreuz am Altar erscheint zu diesem Tag als der „hehre Baum", den „des Königs Purpur schmückt": Die Balken verwachsen mit Dornzweigen, die schwarz sind, blattlos, wie tot, an denen es aber rot leuchtet – von Blutstropfen? von reicher Frucht ...? Mit vielförmigen Hagebutten und dem Behang von Berberitze, Felsenmispel, Kornelkirsche, Eberesche schenkt uns der Herbst dieses Andachtsbild, wenn wir es annehmen wollen.

Himmel überwältigend strahlte – und plötzlich wurde mir dies alles eine Illustration zum Text des Evangeliums: Denn eine „leuchtende Wolke" war es – so berichtet Matthäus –, die auf die drei Zeugen des wunderbaren Geschehens „ihren Schatten warf" und aus der die Stimme rief: „Das ist mein geliebter Sohn ..." Da habe ich die Wolke aus dem Garten in die Kirche hereingeholt, und seitdem hat sie Jahr um Jahr über dem Tabernakel geleuchtet.

Als dann der Strauch, wie es leider seine Art ist, von einem Pilz befallen wurde und gerodet werden musste, halfen wir uns mit mannshohem Fenchel und stellten mitten in sein durchsichtiges Lichtgrün eine mächtige Sonnenblume, mit nur einer einzigen Blüte: „Und sein Gesicht leuchtete wie die Sonne ..."

Christkönig

Der letzte Sonntag im Kirchenjahr ist da. Noch einmal feiern wir ein Herrenfest. Denn dein ist das Reich ...

Auch wenn von Allerheiligen her noch weiße oder goldene Chrysanthemen übrig sind, Feuerdorn und Sanddorn und Pfaffenhütchen einen höchst dauerhaften Hintergrund bilden, jetzt nehmen wir sie fort. Am Altar richten wir, steil wie ein Szepter – den Stängel bewusst nicht überspielt von Halmen und Zweigen –, eine einzelne, voll erblühte rote Amaryllis auf, die in Gestalt und Symbolik die majestätische Schwertlilie vertritt, umstanden von Zeichen der Macht, den ragenden Schwertern der Yucca (die höher und straffer sind als Irisblätter), dem wehenden Silberfahnengras: „Da es unser Stolz ist, unter dem Banner des Königs Christus zu dienen", heißt es in einem alten Messtext. Wir fügen Früchte hinzu, Zeichen des Gedeihens unter weiser Herrschaft: Zierapfel, Zierquitte, die Beeren der Stechpalme. Deren Farben nehmen wir beim Tabernakel wieder auf, vor allem das königliche Rot. Die „Kulissen" dagegen, besonders hinter der Marienfigur, werden von den durchscheinenden hohen Gräsern und getrockneten Stauden gebildet, die den Spätherbst in die Kirche holen: Jetzt ist die Zeit da für das pomphafte Pampasgras, für die Mohnkapseln vom Hochsommer, die dunklen Samenstände des Virginischen Ehrenpreis, das minarettartige Brandkraut und manches andere, das später noch der Krippenlandschaft dienen kann – auch das Gartenjahr schließt den Kreis.

Bei alledem aber: Haben wir auch nicht vergessen, die Schönfrucht zu schneiden und vor den Vögeln in die Sakristei zu retten, damit uns ihr Violett am nächsten Sonntag nicht fehlt? Denn das neue Kirchenjahr steht vor der Tür, ganz leise kündigt sich die Kraft und die Herrlichkeit von neuem an: erster Advent.

DU EDLER ROSENGART

MARIA hilf, dass mehr und mehr
wir dienen einzig Gott zur Ehr.

St. ANNA, lehr uns den rechten Sinn,
das zarte Reis heranzuziehn.

Kalendersprüche aus dem Kirchgarten

MARIA (Fest 1. Januar und 12. September, „Mariä Namen"): „Siehe, ich bin die Magd des Herrn".

ANNA (Fest 26. Juni), Mutter und Erzieherin Mariens, die „das Reis aus der Wurzel Jesse" ist (Wortspiel virgo, die Jungfrau – virga, das Reis, der junge Trieb), Jesaja 11,1.

„Wunderschön prächtige, hohe und mächtige ..." Das denkt sicher niemand, der sich der Marienfigur unserer Kirche nähert. Etwas linkisch hockt sie auf ihrem Sockel, etwas hilflos hält sie das Jesuskind, etwas einfältig ist ihr Ausdruck, und die stumpfe Bemalung fängt an abzublättern. Aber es brennen immer Kerzen vor ihr.

Und wahr ist: Wenn man ihr immer wieder nahe kommt, wie wir es ja das Jahr hindurch tun mit unserem Bemühen um den Blumenschmuck, dann kommt auch sie einem nah. Da entdeckt man den versonnenen Blick, die kummervolle Stirn, das kleine Lächeln im Mundwinkel. Im bescheidensten ihrer Bilder können wir sie eben doch erkennen und grüßen, die „liebreich holdselige, himmlische Frau".

In dem weiten Raum von St. Theresien, ohne Rückwand, erscheint ihre Gestalt, so groß sie ist, merkwürdig verloren. Wir versuchen ihr einen Hintergrund zu geben – „eine Kapelle bauen" nennen wir das –, oder wir rahmen sie

mit Zweigen. Aber wenn die über ihren Scheitel reichen sollen, müssen schon ganze Bäume herbei, oder ungewöhnlich hohe Stauden und Gräser, die wir eigens gepflanzt haben.

Doch der Aufwand lohnt sich. Wenn unsere Muttergottes aus so einem Gezweige herausblickt, zu Ostern aus Magnolien, aus Kornelkirschen zu Mariä Lichtmess, wenn sie auf Wolken von duftendem Flieder oder Goldregen thront, Blütenköpfe von Sonnenhut oder Vernonie oder Schuppenkopf an langen Stängeln um sie her nicken, dann gewinnt sie eine feenhafte Anmut. So tritt sie, laut vielen Legenden, aus einem Wald heraus, wächst eine Statue von ihr aus einer Eiche hervor – wobei keine Rolle spielt, dass die aus Lindenholz geschnitzt ist ...

Wir schmücken gern in der Weise, dass sich ein Zweig oder eine Blüte an ihr Bildnis schmiegt, ans Knie, ans Ohr, zu den Händchen des Kindes wie ein Spielzeug: Gabe der Verehrung, schüchterne Liebkosung und Bitte zugleich.

Das ganze Jahr über, außer in den geboten schmucklosen Zeiten, fehlt es unserer Maria nie an Blumen. Im Marienmonat Mai dürfen wir sogar schwelgen: Der Maialtar ist alte Sitte. Allerdings – angesichts der Aufbauten, die sich mancherorts finden, begreife ich, dass auch traditionsbewusste Katholiken dem Brauch geniert gegenüberstehen: Sieht das nicht ein bisschen sehr nach Frühlingskult aus? Und die sogenannte Volksfrömmigkeit, die echte, wo gibt es die denn noch, heutzutage, hierzulande?

Deswegen experimentierten wir einmal mit absichtlicher Kunstlosigkeit. Wir stellten einfach nebeneinander, was der Garten bot, so wie es gerade kam. Große Sträuße, kleine Sträuße, einzelne Blütenzweige, in Vasen und Töpfen ganz verschiedener Art, wie in einer Feldkapelle. Hier prächtige Rhododendren, da ein Sträußchen Vergißmeinnicht, dort ein Bund Maiglöckchen. Als ob sie heimlich von verschiedenen Händen gebracht wären. Als ob? Nein, inzwischen ist aus der Fiktion Tatsache geworden!

Wenn wir nach dem Rechten sehen – und das muss oft sein, die ersten zarten Blüher halten ja nicht lange –, finden wir ständig etwas Neues vor: ein Miniaturbukett von Löwenzahn oder Wiesenschaumkraut, ja selbst Gänseblümchen, will sagen Marienblümchen. Und die Gläser stammen nicht aus unserem Bestand, manchmal klebt noch ein verschmiertes Etikett darauf „Pflaumenmus".

Denn es verhält sich keineswegs so, dass nur alte Leute entzückt eine fromme Erinnerung wiederfinden: Junge Mütter mit ihren Kindern entdecken ebenfalls Freude und Sinn in diesem Brauch. Bei einem Familiengottesdienst, der auf den Muttertag fiel, wurde der Maialtar in die Liturgie einbezogen; nur mussten wir die Kinder daran hindern sich darum zu prügeln, wer nun die Blumen zu der Mutter Jesu, unser aller Mutter, hintragen durfte.

Seither lehnen wir im Mai eine unauffällige Etagere an den Sockel, die viel Platz bietet, und stellen einladend ein paar mit Wasser gefüllte Vasen bereit. Traditionelle Praxis, persönliche Andacht, kindliches Spiel, das alles kann sich verbinden. Es ist viel Raum in der Kirche.

Wir haben in unserer Gemeinde St. Theresia nur dieses eine Bild der Mutter Gottes. Keine Pietà, keine Darstellung der Flucht nach Ägypten oder vom Pfingstwunder findet sich in unserer Kirche. Aber wir suchen mit unserem Blumenschmuck auf die Stationen des Marienlebens hinzuweisen, die das Kirchenjahr uns in Erinnerung ruft, und möchten damit zu Betrachtung und Verehrung einladen.

Wüssten Sie aber, wie viele Marienfeste es im Kirchenjahr gibt? Ich habe das erst als Blumenfrau gelernt. Hochfeste, Gedenktage, traditionsreiche, halbvergessene, ortsgebundene. Wenn man ein Zeichen fände, dachten wir, eindeutig, immer gleich und immer ein wenig anders ... Wieder war es der Garten, der half. Ich weiß noch, einmal zu Mariä Heimsuchung, am 2. Juli, hatte unsere Rose „Eden" eine besonders schöne Blüte gebracht, an langem starkem Stängel, ein Wunder an Zartheit und Duft. Die stellte ich zu Füßen unserer Statue und nahm in einem Impuls die eben reifen Fruchtstände des Perückenbaums dazu, als fast durchsichtige Umhüllung. „Du geheimnisvolle Rose", sagte andächtig eine Frau, die ein Opferlicht anzünden kam, „wie einem sowas plötzlich wieder einfällt −", und wir suchten zusammen nach: Ach ja, Lauretanische Litanei.

So entstand eine der Traditionen unseres Bumenschmucks. Es wurde uns klar: Ein Strauß Rosen ist etwas Schönes, eine einzelne Rose aber ist Symbol! Die Farbe? In den vielen mittelalterlichen Darstellungen der „Maria im Rosenhag" stehen die weißen Rosen für die Freuden, die roten für die Schmerzen − könnten goldfarbene die

Glorie andeuten? Aber was sollte man dann zu den Daten der Wallfahrten und Erscheinungen anfangen? Nein, ein Vielerlei schafft Verwirrung. Wir, inspiriert von der „Eden", haben uns ein für allemal für die in Europa ursprüngliche Rosenfarbe entschieden: die Farbe der Morgenröte, aus der die Sonne hervorgeht – dieses sprechende Bild für die Mutter des Herrn ist uns ja noch aus manchen alten Liedern vertraut.

Was niemandem auffällt, aber gerade deshalb wichtig ist: Wir nehmen absichtlich wenig Beiwerk, um nicht abzulenken – einen Zweig nur, eine überhängende Ranke; gerne das Immergrün, das zarte kleine oder das ausdrucksvolle große. Das ist feiner, biegsamer als der Efeu, hinzu kommt die schlichte blaue Blüte: unverkennbar eine marianische Pflanze, das Niederländische bewahrt noch heute den Namen „magdepalm".

Darüber hinaus versuchen wir, das Kirchenjahr hindurch diesem stets wiederkehrenden symbolischen Schmuck wechselnde Nuancen zu geben. Die müssen nicht immer bedeutungsvoll sein, oft sorgt einfach die Jahreszeit für Unterschiede – manchmal aber trifft beides überraschend zusammen. In unserer Gemeinde wird inzwischen die „Marienrose" als Signal verstanden; manchmal kommt jemand und will es wissen: Welches Marienfest genau haben wir denn heute?

Sehen wir nur einige Beispiele an:

Gleich das erste Hochfest im Kirchenjahr, Unbefleckte Empfängnis Mariens (8. Dezember),

ist freilich eine Ausnahme: Hier muss es die weiße Lilie sein, der unmittelbar verständliche Inbegriff der Reinheit.

Zu Neujahr aber, dem Hochfest der Gottesmutter, lassen wir aus einem groben Baumstumpf einen zarten Trieb gleichsam hervorwachsen und daraus die Rose „entspringen" (Dabei dürfen wir nicht vergessen, auf der Liedertafel anzuschlagen „Es ist ein Ros' entsprungen". O, schon gemacht, auf unseren Pastor ist Verlass!). Nun gibt zwar die zweite Strophe des Rätsels Lösung: „Das Röslein, das ich meine" ist Maria. Diesmal aber nicht als die Rosenblüte, sondern als der Rosenzweig, der „ein Blümlein bracht". Ist unsere Rose jetzt Christus- oder Mariensymbol? Was tut's? Mutter und Kind sind sich eben ähnlich.

Mariä Lichtmess, am 2. Februar, ist trotz des Namens ein Herrenfest, aber seit je verbunden mit dem Gedanken an die junge Mutter, die ihren Erstgeborenen zur vorgeschriebenen Darstellung im Tempel brachte. Ein besonderer Schmuck steht deshalb auch in der Nähe der Marienstatue (wie im vorigen Kapitel beschrieben).

Zu Mariä Verkündigung, am 25. März, erscheint die Rose unter den weißen Spitzen des frühen Spierstrauchs, wie bräutlich verschleiert: Maria hat ihr Ja gesagt. Oder wir nehmen einen Zweig vom echten Mandelbaum hinzu. Den hält auf mittelalterlichen Bildern manchmal der Erzengel Gabriel in Händen; der Bote Gottes deutet damit, in der Sprache der Mystik, voraus auf das Wunder der Menschwerdung. Denn wie der süße Mandelkern in der unzerbrochenen Schale, so ruht der Sohn Gottes im jungfräulichen Leibe. In unserem Kirchgarten wächst der mächtige Baum aus dem Lande Jesu leider nicht. Wenn uns doch wieder einmal jemand Zweige schenkte! Vorzutreiben sind die Mandelzweige leicht und in nur wenigen Tagen, sie bieten einen Anblick von frühlingshafter Lieblichkeit („Der wahre

Frühling beginnt, wenn Gott seinen Sohn in die Welt schickt", sagt Anselm Grün), und das lichte Rosa passt gleichzeitig zu Laetare, dem vierten Fastensonntag, der oft zeitlich nahe liegt.

Mariä Aufnahme in den Himmel am 15. August – volkstümlich „Mariä Himmelfahrt" genannt – ist das älteste und zugleich höchste Marienfest, seit über tausend Jahren verbunden mit der Kräutersegnung. Damit viele daran teilnehmen können, verlegen wir sie auf den Sonntag, wenn das Datum auf einen Werktag fällt. Umso wichtiger ist dann, dass wir den Tag des Hochfestes selbst kenntlich machen: Zu der Rose – oder hier vielleicht wieder der Lilie – gesellt sich etwa der silbrige Beifuß, oder der luftige und duftende Fenchel. In welcher Weise diese Tradition im Einzelnen bei uns gestaltet wird, verdient aber ein eigenes Kapitel.

Mit diesem Tag beginnt der so genannte „Frauendreißiger", wie man in Süddeutschland sagt, im Volksglauben eine besonders gesegnete Zeit des Jahres: eine Folge von Marienfesten, zugleich eine Zeit der irdischen Fülle. Zu Maria Königin, am 22. August, glückt es uns manchmal, die Rose in einen Kreis von Sternen einzufassen, vielmehr von Sonnenaugen, die sehen ja wirklich so aus. Dann müssen es aber auch zwölf sein, wie in der Krone des apokalyptischen Weibes: Ich beobachtete vor unserem Blumenschmuck eine Ordensfrau, die mit dem Finger nachzählte!

Zu Mariä Geburt, am 8. September, umgeben wir die Rose vielleicht mit den schütteren, sonderbar greisenhaften Rispen des weißen Knöterich oder den silberhaarigen Samenständen des Großen Weidenröschens – war nicht Maria nach der Legende ein Kind alter Eltern? Und wenige Tage später, am 12. September, zu Mariä Namen, muss es nochmals etwas Besonderes sein – etwa ein fröhlich bunter Kranz, rund um die Vase gelegt, im Gedanken an alle, die Mia heißen oder Miriam,

Mareike oder Mizzi, und denen ihr Namenstag etwas bedeutet.

Das Herrenfest Kreuzerhöhung wird gefolgt von dem Gedenktag Mariä Schmerzen am 15. September. Es war im späten Mittelalter sehr volkstümlich. Viele eindringliche Darstellungen der „Mater Dolorosa" hängen damit zusammen, eine eigene Andacht wurde dazu geschaffen.

Es steht heute in manchem Kalender nicht mehr. Wir entdeckten es für uns neu, nachdem wir für den Tag davor das Kreuz festlich geschmückt hatten (siehe voriges Kapitel). Denn es soll nicht vergessen sein, was die Erlösungstat des Sohnes für die Mutter bedeutete: „Dir selbst aber wird ein Schwert durch die Seele dringen", hatte Simeon prophezeit.

Was fügen wir diesmal der Rose hinzu? Das Tränende Herz, die Maiglöckchen – mancherorts heißen sie Marientränen – sind lange verblüht, sie haben im Maialtar ihren Platz gehabt. Iris hätten wir gern, denn, so sagt im 14. Jahrhundert die heilige Birgitta in ihrer Vision: „Liebet die Mutter der Barmherzigkeit! Sie ist gleich der Blume der Schwertlilie, deren Blatt zwei scharfe Kanten hat und in einer feinen Spitze ausläuft ... Das ist der Schmerz des Herzens über das Leiden des Sohnes und die standhafte Abwehr gegen alle List und Gewalt des Teufels." Aber auch die Iris ist längst hin. Blätter der Gladiole könnten wir nehmen, die starr und hart sind. Was ist in der Natur vom Sommer geblieben? Nicht nur Erfüllung: Da sind verdorrte Knospen, vertrocknete Beeren, geknickte Samenstände, halbwelke, schwärzlichpurpurne Blätter. Spitzig die Schuttkarden, riesengroß. Mittendrin, sehr klein wirkend, die einsame Blüte: Maria durch ein' Dornwald ging, immer wieder in ihrem Leben.

Es ist eine Arbeit, die sich, zu Füßen der Marienstatue, nur auf Knien ausführen lässt – auch auf den Knien des Herzens: Ach neige, du Schmerzenreiche – kaum weiß der Kopf, was die Hände tun: hier die Steine noch dazu, zerbrochene, wie auseinandergesprengt und weggekollert ...

„Aber das dürfen Sie nicht", sagte plötzlich eine erschrockene Stimme hinter mir. Eine fremde Besucherin hatte sich zu mir heruntergebeugt: „Dabei denkt man ja an den 11. September ..." „Das ist gut, das da", sagte ein alter Herr, der herbeigehumpelt war und mir über die andere Schulter sah, „dabei denkt man an den 11. September ... Und an all das andere, jaja, irgendwo muss man hin mit seinen Gedanken." Er war schon gegangen, kam noch einmal zurück: „Ich war in Russland, wissen Sie ..."

Zum Rosenkranzfest am 7. Oktober können wir der Rose Hagebutten beigeben, die jetzt reif sind: Blüte und Frucht zugleich, das ist alte marianische Symbolik. Vor allem aber schlingen wir der Statue einen Rosenkranz von dicken Holzperlen um die Füße. In diesem Monat sind unsere Gebete der wichtigste Blumenschmuck, mit dem wir Maria grüßen.

Am letzten Marientag im Kirchenjahr, dem Gedenktag Unserer Lieben Frau in Jerusalem am 15. November, dem alten Fest Mariä Tempelgang, steht die Rose unter einem Gezweige von den letzten Schneebeeren. „Ein kleines Mädchen, das den Flocken zulächelt", diese poetische Deutung stammte von einem japanischen Besucher. Ich habe mich sehr darüber gefreut: Denn die fast vergessene Legende zum Tage erzählt ja gerade von Maria, als sie drei Jahre alt war. Damals, heißt es, brachten die Eltern sie zum Tempel, damit sie dort erzogen würde, aber die Stufen waren viel zu hoch für sie, niemand begriff, wieso sie plötzlich oben angekommen war. Das muss man ja nicht als ein Wunder auffassen. Aber sieht man die Kleine nicht förmlich vor sich, glühend vor Eifer und Energie – ein Kind wie alle Kinder, und doch schon die Magd des Herrn.

Wir stellen die Marienrose nicht in irgendeine Vase. Nicht umsonst sind wir bei Meister Matthias Grünewald in die Schule gegangen, haben wieder und wieder seine Stuppacher Madonna angeschaut. Wir nehmen also den gläsernen Krug: irdische Materie, aber so rein, dass die Sonne sie durchstrahlt. Mit solchen Worten beschreiben die Mystiker das Mädchen aus Nazaret, das einzigartige Gefäß.

Uns kann dabei klar werden, dass alle Marienfeste im Grunde „Herrenfeste" sind. Denn was wir in unserer auserwählten Schwester, Freundin, Fürsprecherin erkennen und verehren, ist das unfassbare Wirken Gottes.

VOR G'FAHR UND ALLEM SCHADEN

St. HILDEGARD hat's längst entdeckt:
oft tut uns gut, was bitter schmeckt.

AGATHA, bitt für uns: es brennt,
auch wenn man die Nessel als nützlich kennt...

Kalendersprüche aus dem Kirchgarten

HILDEGARD von Bingen (Fest 17. September), 1098-1179. Äbtissin, Mystikerin, Ärztin. Begründerin der
wissenschaftlichen Naturgeschichte in Deutschland.

AGATHA (Fest 5. Februar), gest. um 250, Märtyrin, als Helferin gegen Feuersgefahr angerufen.

Hochsommer und Herbstbeginn – sie bringen zwei ursprünglich ländliche Bräuche in den Kirchenraum: Kräutersegnung und Erntedank. Beide sind besonders populär, sprechen unmittelbar die Sinne an, die Erfahrung, die Entdeckerlust, die Kreativität. Das wirkt sich auf die Gestaltung des Kirchenschmucks aus, und die Gemeinde kann sich mehr als sonst daran beteiligen, wenn man ihr die Möglichkeit gibt.

Aber selbstverständlich ist das keineswegs! Neu Zugezogene, die von der Kräutersegnung in St. Theresien erfahren, meinen: „Das geht hier schon ewig so." Welch ein Kompliment! Denn es ist erst wenige Jahre her, seit wir uns in diese über tausend Jahre alte liturgische Tradition einfügen.

Das Fest der Aufnahme Mariens in den Himmel – „Mariä Himmelfahrt", wie es volkstümlich heißt, am 15. August – ist das höchste der vielen Marienfeste: Ein Geschöpf Gottes wird von Gott über seine Schöpfung hinausgehoben; das Heil, das allen Menschen zugedacht ist, wird an

Unserer Lieben Frau besonders sichtbar. Da es die Heilkräuter sind, in denen die Freundlichkeit des Schöpfers uns besonders spürbar begegnet, lassen die uns an die Mutter Gottes denken: Voll der Gnaden, das heißt in der Bildsprache der Mystik, sie ist eine reich sprießende und duftende „wurzwiese". Zudem sind gerade um diese Zeit die Heilkräuter auf dem Höhepunkt ihrer Wirksamkeit, was die Wurzelweiblein und kundigen Ordensleute sehr wohl wussten. Darum tragen wir sie zu diesem Tag in die Kirche, mit Freude und Dank, und mit der Bitte um Segen für Leib und Seele.

Die Tradition ist heute aktuell wie nie zuvor. Die Wiederentdeckung der Naturmedizin, Bioboom, Esoterik, Duftmode hat weithin zu feldmäßigem Anbau geführt. Besonders in solchen Gegenden lebt der Brauch wieder auf. Im Süden Deutschlands und bis nach Oberitalien hinein hat er sich ohnehin erhalten. Ferienreisende berichten begeistert davon, Klostergärten haben an diesem Tag Zulauf noch und noch. Eine Faszination geht von diesen meist unansehnlichen Gewächsen aus. Mode ist keine ausreichende Erklärung dafür: Sehnsucht verrät sich darin. Duft ist etwas, das uns zutiefst berührt. Wohlgeruch wird seit je als „himmlisch", dem Himmel zugehörig, empfunden. Das alles ermutigt, ja verpflichtet dazu, die Kräutersegnung, die doch in der Kirche zu Hause ist, für die Kirche neu zu gewinnen.

Wie soll zu diesem Hochfest der Blumenschmuck sein? Strahlend, farbig wie der Sommer im Garten – das wäre eine Möglichkeit. So sehen wir es in anderen Gemeinden, und so ist es auch sinnvoll und würdig. Aber wir haben uns anders entschieden.

„Unsere Kirche hat sich in einen Kräutergarten verwandelt", stellt unser Pastor alljährlich – und jedes Mal wieder in heiterer Verwunderung – zu Beginn der Messe fest. Denn es scheint, als wären die Fugen des Steinbodens aufgebrochen: Aus den Stufen zum Chor wächst es heraus, am Taufstein wuchert es, am Tabernakel sprießt es, unglaublich vielgestalt und bemerkenswert unordentlich anzusehen.

Da sind die Riesen: Hier präsentiert sich der stolze Alant, schon abgeblüht, aber mit seinen mannshohen Stängeln und den halbmeterlangen Blättern eindrucksvoll genug. Dort ragen die hohen Samenstände der Engelwurz, da hängen die feinen Schleier des Bronzefenchel. Dazwischen kriecht Efeu, schlängelt sich Kapuzinerkresse. Die Farbtöne sind eher stumpf: Graugrüner Beifuß bildet eine Gruppe mit Goldrute und rostfarbenem Grindampfer (hoffen wir nur, dass der sich später nicht im Kirchgarten aussät!), der Wasserdost schimmert im Gegenlicht silbrig, und neben den kräftig grünen, zierlichen Bögen des Odermenning stakt braun etwas Verdorrtes, der Rest vom Muskatellersalbei. Nur am Altar quillt es richtig bunt und schmuckhaft aus großen Körben: die Fülle der Weihbüschel.

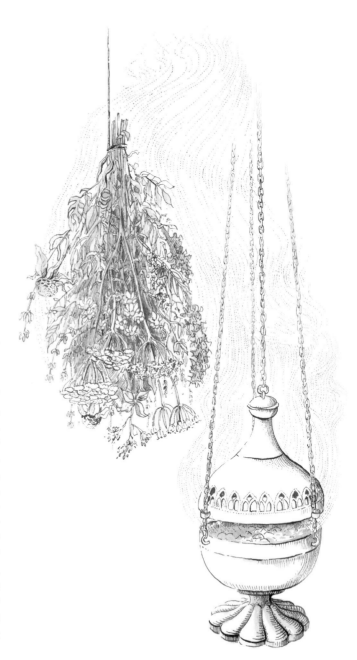

Der eigentliche, überwältigende, noch zwei Wochen lang spürbare Schmuck der Kirche ist unsichtbar: der Duft. Wie er zustande kommt? Schwer zu beschreiben, wenn man kein Parfumeur ist. Ein unerfreuliches Gemisch hat es noch nie gegeben. Wohl sind wir etwas vorsichtig mit Wermut und Weinraute, so schön sie auch sind, weil sie streng und bitter riechen. Die frischen Minzendüfte überlagern zunächst alles, verfliegen aber bald, bis auf den der Bergminze, der dafür eine nicht ganz angenehme Schärfe enthält. Etwas wie eine warme, dunklere Note – spricht man nicht von Basisnote? – bringt der Kampferduft von Rainfarn und Schafgarbe, etwas Helles, Zitroniges die Eberraute. Der Muskatellersalbei muss dabei sein, auch wenn sein säuerlicher Geruch, der manche begeistert, andere als „schwitzig" abstößt: Seine harzige Absonderung hat die Fähigkeit, die Düfte der anderen Pflanzen im Weihbüschel gewissermaßen zusammenzukleben und über das Jahr zu bewahren.

Als ausgesprochen angenehm, ja „vornehm" wird allgemein der Duft des Kalmus empfunden, als wohlig auch die ungewohnte Würze der Indianernessel. Das alles entwickelt und verbindet sich beim Schneiden, Stecken, Binden von selbst, je frischer, desto intensiver. Nur den Steinklee haben wir zwei Wochen vorher geholt und beileibe nicht in Wasser gestellt: Sein feiner Cumarinduft (lebkuchenartig mit etwas Bittermandel, wie ich finde), entfaltet sich erst, wenn die Pflanze vertrocknet ist; schon wenige Stängel genügen für den Hauch, der nicht fehlen darf und länger als alles andere vorhält.

Wir wollen übrigens nicht verschweigen, dass vereinzelte Besucher schon mal niesen müssen. Aber sogar unter dem Weihnachtsbaum tränen manch einem die Augen nicht vor Rührung. Der Herr in seiner Freundlichkeit hat aber auch gegen Allergien allerlei Kräutlein wachsen lassen (darunter unsere schlichte Küchenzwiebel), nur helfen die, wie wir hören, leider nicht frisch aus dem Garten, sondern erst auf dem Umweg über die Homöopathie.

Kein anderer Schmuck braucht freilich so viel Organisation. Man muss beizeiten ausspähen, wo dieses Jahr was zu finden ist. Im Kirchgarten haben wir manches herangezogen, etwa besonders Großes, auch einige seltenere Sorten. Aus umliegenden Gärten lässt sich einiges ergänzen. Aber die Fundorte für viele unverzichtbare Wildpflanzen, die Ackerränder und Schuttplätze und Straßengräben, sind oft weitab gelegen. Weiter heißt es sammeln und herrichten und zuletzt gründlich fegen – nie sonst gibt es so viel Geschnipsel. Wir brauchen so viele Helfer wie möglich. Aber sie finden sich auch: Die Faszination der Kräuter und die Freude an diesem sehr besonderen Kirchendienst sorgt dafür.

Übrigens, wenn es auch unser Ziel ist, dass irgendwann jeder sein eigenes Kräutersträußchen mitbringt: Etliche müssen wir eben doch jedes Jahr bereithalten, zum Verschenken. Sei es für Gäste – und es kommen viele zur Kräutersegnung – , sei es für Kranke. Und ein paar Spezialanfertigungen müssen einfach sein:

Im Kirchgarten wächst der Ysop, die heilige Pflanze der Bibel (auch wenn es gar nicht die palästinensische Art ist – aber was bei den Botanikern so heißt und für Hildegard von Bingen gut genug war, ist denn doch geheiligt); davon reservieren wir ein Zweiglein für den Pastor. Jens und Janine und Yannik bekommen natürlich

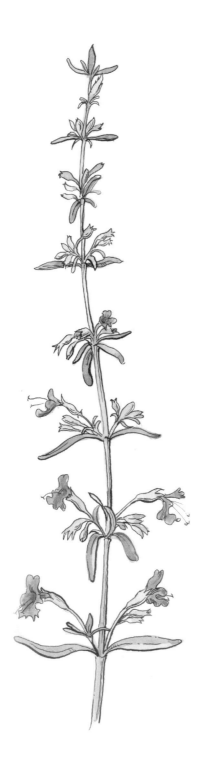

Johanniskraut. Für Jupp und Josefine und den netten Zimmermann muss Schafgarbe dabei sein – die wirkt blutstillend: Der kleine Jesus soll sie seinem Ziehvater geschenkt haben, eigens für seine Berufsgenossen, die sich ja leicht einmal verletzen können. Und für die Nachbarin, die sich mit den Wechseljahren plagt, binden wir Silberkerze und Rotklee und Mitgefühl zusammen.

Das sind kleine Aufmerksamkeiten, die sich lohnen. Denn wer so beschenkt wurde, bringt das nächste Mal stolz „seine" Kräuter selber mit, erzählt davon und pflanzt etwas von dem Wissen fort. Vielleicht tun das später auch die beiden Teenies, die ich auf der Straße verabreden hörte: „Morgen gehen wir mal in die Kirche, da kriegt man so geile Duftsträußchen!"

Wie bringt man aber eine ganze Gemeinde dazu, nicht einfach auf Belieferung zu warten, sondern selber tätig zu werden? Der Sinn der Sache ist ja, dass jeder sein eigenes Sträußchen mitbringt, darbringt, heimnimmt, bewahrt.

Zum Beispiel so: Der Pastor nimmt ein vertrocknetes Weihbüschel vom letzten Jahr mit in den Religionsunterricht. Es sieht nach gar nichts aus, duftet aber immer noch zart und seltsam, daran lassen sich schon manche Betrachtungen knüpfen. Zu Hause erzählen die Kinder, bestürmen die Eltern, telefonieren mit Oma und Opa. Und im Garten und auf Spaziergängen sind die Augen plötzlich weit offen. Oder aber – leider – man stürzt sich ins Internet und geht unter in Informationen: dass 77 oder 100 verschiedene Heilkräuter ins Weihbüschel gehören, und dass in der Mitte eine Königskerze sein muss. Ist ja toll, sagt dann mancher, aber wo soll ich denn das bitte hernehmen? Darum geben wir im Pfarrbrief einen Hinweis, der zugleich ermutigt und beruhigt: Danach bringt auch der Unkundigste und Bequemste sehr wohl ein Kräutersträußchen zusammen, nämlich so:

Was bringen wir mit zur Kräutersegnung am Fest der Aufnahme Mariens in den Himmel? Machen wir's doch nach altem Brauch. Das „Weihbüschel" soll enthalten: mindestens drei, höchstens drei mal drei Heilkräuter (zu Ehren der Allerheiligsten Dreifaltigkeit). Auswahl haben wir mehr als genug in der „Apotheke Gottes":

– aus dem Küchengarten: Rosmarin, Thymian, Dost, Bohnenkraut, Salbei ...

– vom Straßenrand: Löwenzahn, Schachtelhalm, Beifuß, Holunder, Efeu (ja, das sind auch Heil-"kräuter"!)

– mit kräftigem medizinischem Geruch: Wermut, Schafgarbe, Weinraute, Rainfarn, Eberraute ...

– mit süßem Duft: Lavendel, Kamille (nur die echte!), Indianernessel, Engelwurz, Steinklee ...

– mit erfrischendem Duft: Zitronenmelisse, Minze, Muskatellersalbei ...

– mit schöner Blüte noch dazu: Ringelblume, Stockrose, Kapuzinerkresse, Goldrute ...

– mit tieferer Bedeutung: Johanniskraut ... Frauenmantel ... Ysop ...

... und heute wie vor Zeiten dürfen wir sicher sein: Darin liegt Gottes Segen!

Wir machen also keine Vorschriften, wie ein „klassisches" Weihbüschel auszusehen hat. Das ist ohnehin regional verschieden. So wird niemand überfordert, es kann sich aber auch niemand herausreden, und weder der Balkonkasten noch die freie Natur bleibt kahlgerupft zurück.

Zur weiteren Ermunterung haben wir in der Kirche Pinnwände aufgebaut, mit ganz einfachen, fröhlich bunten Bildern. Auch hier stellen wir Pflanzen vor, die mit Sicherheit jedem geläufig sind, aber auch solche, deren Namen neugierig machen und schon andeuten, wie vielfältig der Segen ist, den Gott uns schenken will: Engelwurz, Indianernessel, Eberraute ... Dazu ganz wenige, unterhaltsame Anmerkungen, medizinisch, legendär, symbolisch, Bekanntes in verblüffendem Zusammenhang: Rosmarin hilft Examenskandidaten, Schachtelhalm taugt für die Nieren und zum Polieren, und in dem nicht gerade botanischen, aber charmanten Latein der Hildegard von Bingen heißt die Ringelblume „ringula"... Vor dieser kleinen Ausstellung steht immer jemand, verblüfft und lächelnd, und geht nachdenklich und lächelnd.

Unsere Anstöße haben sich bewährt. Noch machen nicht alle mit. Aber schon jetzt wirkt all das, was zum Festtag in die Kirche mitgebracht und der Segnung entgegengehalten wird, wie ein Blumenschmuck, der über den ganzen großen Raum verteilt ist. Da baumelt ein Büschel am Kinderwagen, eines an der Leselampe des Organisten. Nachher, an der Kirchentür, ist ein eifriges Austauschen zu beobachten: Was haben Sie denn? Wie vergnüglich dann, wenn der Apotheker, der uns so oft Echinacea verkauft hat, die rosa Blüte im Weihbüschel nicht erkennt. Oder wenn der zerstreute Herr Professor zwischen seine Kräuter Rose und Lilie gebunden hat – der aber doziert milde: Beide werden seit je als Medizin in den Klostergärten gezogen, und zwar um ihrer religiösen Symbolik willen, denn was gesund ist für die Seele, ist gesund für den ganzen Menschen, sieh mal an, wie modern. Aber mein Strauß ist am schönsten! ruft ein Kind und präsentiert seine orangenen Ringelblumen und rosa Moschusmalven, die sich lustig beißen.

Und wenn denn vielleicht jemand meint, eine Dahlie oder sonst ein nur dekoratives Gewächs gehöre von wegen der Schönheit dazu, so müssen wir es ja nicht unbedingt besser wissen. Zwar wurde seinerzeit in Tirol behauptet, dass solche neumodische Pflanzen „die Segnung nicht annehmen" – aber zumindest sind die Dahlienblüten essbar, irgendetwas Gutes wird schon drin sein.

Es musste sich erst herumsprechen, dass die Weihbüschel nicht etwa Buketts für die Vase sind – ein sehr modernes Missverständnis. Jetzt hängen sie nach alter Sitte in manchem Hauseingang und sogar manchem Büro, bis zum nächsten Jahr, aber zum Glück nicht mehr als unfehlbare Medizin oder gar als Mittel gegen Bltzschlag und Hexerei, nach sehr altem Missverständnis (dabei lässt die Segensformel dergleichen gar nicht zu!). Sondern heute bedeutet es ein Bekenntnis: Hier wohnt, hier arbeitet einer, der auf Gottes Segen vertraut.

Die Kräutersegnung hat in den Augen der Kirche durchaus Bedenkliches gehabt. Erst vor vierzig Jahren mahnte ein katholischer Theologe in den Niederlanden dringend, das Fest Mariä Himmelfahrt „um der Ökumene willen schlichter und mit mehr Selbstbeherrschung zu feiern".

Bei uns ist nun gerade ein Zeichen ökumenischer Verbundenheit daraus geworden: Wir bringen ein Kräuterbüschel vom Beet Allerheiligen, frisch geweiht, in den Gottesdienst der lutherischen Nachbargemeinde, als Gruß und Segen. Und im Gegenzug wird uns zum Erntedank ein Körbchen mit gut evangelischen Äpfeln in die Messe gebracht: Wir danken euch, wir segnen euch auch.

Ebenso erdverbunden, wohl noch populärer und weiter verbreitet ist der Erntedank, im Gegensatz zur Kräutersegnung ohne die Verbindung mit einem kirchlichen Fest, dennoch aus der Kirche nicht mehr wegzudenken. Die Beteiligung der Gemeinde an der Gestaltung ergibt sich hier sehr viel einfacher.

Das Erntedankfest ist auch in den Städten heimisch geworden; es ist leichter fassbar als manches kirchliche Fest, besonders auch für die vielen eher kirchenfernen Verwandten und Begleiter der Kinder, denen an diesem Tag in vielen Gemeinden eine Hauptrolle zufällt. Denn es ist ja wichtig, dass die Kinder lernen, Dank zu sagen – wichtig gerade in einer Zeit, die das Tischgebet kaum noch kennt –, dass sie begreifen: Satt sein ist nicht selbstverständlich, und wir können helfen durch Teilen.

Bei uns in St. Theresien, wie in vielen Gemeinden, wird das Erntedankfest von den Familien und dem Kindergarten vorbereitet. Was den Kindern mehr bedeutet als die Äpfel und Kürbisse, die von den Eltern gestiftet werden, sind die Eicheln, Rosskastanien, Bucheckern, die sie von Ausflügen mitbringen. Körbe voll schleppen sie in die Kirche, trotz manchen Gespöttels, ob die Zeiten des Ersatzkaffees und Notbrotes nicht vorbei seien! Aber der Förster und der Zoo nehmen das

weckte eine dunkle Erinnerung: Gibt es nicht ein altes Bild, viele alte Bilder: Maria, als ganz junges Mädchen, im Dienst als Tempeljungfrau ... sehr schmal, sehr kindlich ist sie noch, schüchtern in der Haltung, mit gesenkten Augen und betend zusammengelegten Händen. Aber das einfache Kleid, das sie trägt, ist über und über von goldenen Ähren bedeckt. Denn lange vor der Botschaft des Engels ist sie ja schon die von Gott Bestimmte, so stellt es uns das Bild vor Augen: In Stille reift sie heran zu dem Weizenfeld, das den Menschen das Brot des Lebens bringen wird.

Gesammelte später gerne, und überhaupt: Der Tisch ist nicht für uns allein gedeckt – müssen wir nicht auch dafür danken, dass unsere Mitgeschöpfe zu essen haben?

Manches Bunte holen wir vom Straßenrand, aus dem Wald, von Hecken und Zäunen, vom Bauernhof: Hagebutten, Hopfen, Holunder (färbt unbeschreiblich), Sanddorn (dito), Feuerdorn, Schlehen.

Für den Schmuck kann unser Kirchgarten dieses Mal weniger bieten. Er hat nun einmal seine eigene Aufgabenstellung und kann nicht gut obendrein Obst und Gemüse liefern. Ab und zu ranken ein paar Zucchinipflanzen dort, wo der Boden bedeckt sein soll, aber außer den traditionellen Sonnenblumen zur Begleitung können wir nicht viel beisteuern.

Dafür stammt aber aus dem Kirchgarten eine Idee, die seither unserem Schmuck zum Erntedankfest das Gepräge gibt.

Wieder einmal hatten wir zwischen unseren Blumen einen einzelnen Getreidehalm entdeckt. In dem Stroh, das wir zum Mulchen verwenden, steckt manchmal noch ein Korn. Diesmal war es eine Weizenähre, eine besonders schöne, und sie wuchs gerade auf dem Beet St. Maria. Das

Wir pflückten die Ähre mit Andacht. Vom nahen Hof erbaten wir noch viele dazu. Und daraus entstand in unseren Händen, fast von selbst, auf dem Steinboden der Kirche so etwas wie ein Weizenfeld, mit Klatschmohn dazwischen (vielmehr mit den haltbareren Pompondahlien, das fiel nicht auf). Die Gestalt der Maria war ganz umhüllt davon, sehr erdhaft erschien sie so, mit der Frucht ihres Leibes. „Da braucht man gar nicht mehr zu predigen", meinte der Pastor (aber vorsichtshalber tat er es doch).

So gern wir es möchten: Nicht jedes Jahr können wir das tiefsinnige Bild der Maria im Ährenkleid nachgestalten, der Aufwand von Material und Zeit ist hoch. Aber die Idee lässt sich wenigstens andeuten. Etwa mit ein oder zwei Garben neben der Muttergottes. Oder wenn auf einem Strohballen zu ihren Füßen, in kariertes Tuch eingeschlagen, ein derber selbst gebackener Brotlaib liegt: Einladung zu einem ländlichen Imbiss und Zeichen für die Gastfreundschaft Gottes.

Sagen wir nicht in der Feier jeder heiligen Messe Dank für das Brot, die Frucht der Erde und der menschlichen Arbeit? Und wenn wir das Fest der Erde und der menschlichen Arbeit begehen – sollten wir es nicht verbinden mit dem Dank für das Brot vom Himmel, das uns jeden Tag neu geschenkt ist?

AUF DIESER PILGERREISE

ADELHEID (Fest 16. Dezember), 931-999, Kaiserin, vermählt mit Otto dem Großen, Mutter Ottos II.,
Großmutter Ottos III. und Regentin an dessen statt; Stifterin.

SABINA von Rom (Fest 29. August), gest. 126. Vornehme heidnische Witwe und Hausbesitzerin, heimlich
getauft in den Katakomben, Märtyrin. Patronin der Hausfrauen und der Kinder, Helferin gegen Regen.

Wir benutzen oft Baumscheiben zum Aufstellen unserer Blumen. Ihre raue Fläche zeigt ein Muster, das wir auch bei unseren alltäglichen Hantierungen nicht übersehen können: die Jahresringe. Wie klar sie geordnet sind, fast konzentrisch, nur wenig verrutscht. So der Baum. Und wir?

In Fußböden alter Kirchen sind manchmal Labyrinthe eingelegt. Man muss ihre verschlungenen Umwege abschreiten, Fuß um Fuß, dann gelangt man, ohne zu begreifen wie, in die ruhige Mitte, von der die Ordnung all des Rätselhaften ausgeht. Eine Übung für die Pilgerreise unseres Lebens.

In all den Jahren meiner Tätigkeit habe ich mich an eine bestimmte Art von Anrufen nicht gewöhnt: „Hallo, ich hab gehört, Sie machen in der Kirche die Deko." Dann verbeiße ich ein gewisses Zahnweh (Deko!) und erkläre so schonend wie möglich, dass die Kirche im Sinne des Kirchenjahrs geschmückt wird, aber nicht als Festsaal zu persönlichen Anlässen. Und dass Taufen, Hochzeiten, Begräbnisse sich einfügen müssen in den gegebenen Rahmen, und nicht umgekehrt. Die Reaktionen darauf sind recht unterschiedlich.

Taufe

Auf Verständnis ist am ehesten bei einer Taufgesellschaft zu hoffen. Eltern und Paten rechnen sich's meist zur Ehre, selbst die Kerzen und vielleicht auch die Bänke mit etwas Grün und weißen Bändern zu zieren – Buchs kann der Kirchgarten reichlich beisteuern.

Gerne greifen wir aber einen schönen Gedanken von Adelheid Nießen auf. Sie schmückte den Taufstein mit einer einzelnen weißen Blüte, die wurde nach dem Ritus in den weißen Strauß am Tabernakel eingefügt: So sei das Kind „nun Mitglied der Gemeinde Christi geworden und habe seinen Platz nah beim Herrn gefunden".

Einmal überreichte ich der jungen Patin ein Stückchen Wurzel aus dem Kirchgarten, sie roch daran: „Wow, genau wie das Öl vorhin", rief sie entzückt, und alle bestätigten staunend. Wirklich ist der Chrisam dem heiligen Salböl des Alten Testaments verwandt, und ein Ingrediens davon, das „Gewürzrohr" (nachzulesen Exodus 30,23), ist offenbar mit dem Kalmus verwandt. Den ziehen wir nun in einem eigens angelegten kleinen Sumpf, damit wir etwas schenken können, zum Andenken.

Hochzeit

Brautleute dagegen – man kann sie leider nicht alle einem speziell gärtnerischen Brautexamen unterziehen –, besonders solche von auswärts, bestehen oft darauf, die Kirche an ihrem großen Tage videogeeignet gestylt zu sehen. Sie beauftragen dann einen Floristen, und der setzt all seine Kunst an eine perfekte Raumausstattung. Von liturgischem Bezug fehlt jede Spur, und die ganze Kirche ist verfremdet.

Es kommt aber auch vor, dass die Brautleute sich freuen, wenn ihr Festschmuck noch zum nächsten Sonntag oder Fest passt oder zu einem Gruß für die Mutter Gottes oder die Pfarrpatronin werden kann, und sie lassen ihn bereitwillig entsprechend gestalten – wobei der Florist sich wundert, was es da alles zu bedenken gibt.

Einmal, in der Zeit des Erntedanks, wurden Ähren aus dem Kirchenschmuck in den Hochzeitsschmuck eingebunden; die Brautleute akzeptierten sie bereitwillig als Symbole der Fruchtbarkeit. Manche mögen auch gerade den leicht verstruwwelten Stil unseres Schmucks, möchten nur vielleicht einige Lieblingsblumen beigefügt sehen („Dürfen wir die Sonnenblumen aus dem Schrebergarten von unserer Oma mitbringen?") und kommen voll Neugier und Vorfreude mit in den Kirchgarten. Dabei hätte einmal ein Brautpaar mit Sinn für Symbolik uns fast den Rosmarin ausgerottet, um die ganze Hochzeitsgesellschaft mit Zweiglein auszustatten. Man besann sich aber, dass dieses alte Zeichen der Treue hier für die beiden Hauptpersonen ausreiche, und so ist von unserem Busch doch noch etwas übrig geblieben.

Was tut man aber, wenn ein Brautpaar sich darauf kapriziert, in Violett zu heiraten, und das am Samstag vor Pfingsten, wenn schon der Blumenschmuck vorbereitet ist, der auf die Flammen des Heiligen Geistes hindeuten soll? Man schüttelt den Kopf, man fragt, man bekommt eine Geschichte zu hören – nun, dieses eine Mal ließ ich mich erweichen. Gemeinsam schnitten wir im Garten Flieder und Rhododendren, die wurden für die festliche Stunde auf Rollen in die Kirche und wieder hinausgebracht. Die Brautleute fassten mit an und probten dabei gleich die Zusammenarbeit im Eheleben.

Und dann gab es noch eine Ausnahme!

„Du sagst es doch nicht weiter", hatte Helena geflüstert, „wir möchten keine Gratulationen, auch die Kinder und die Kleinen kommen erst später ..."

Ehrensache, dass ich den Mund hielt. Und dass an dem bewussten Morgen die Kirche ganz in Goldtönen leuchtete, vom gigantischen Stolzen Heinrich bis zur winzigen Studentenblume, konnte nicht weiter auffallen: Das ist es eben, was der Garten im Herbst hergibt. Dass aber an einem gewöhnlichen Werktag beim Altar ein ausladendes Gebilde stand, prächtig, wenn auch etwas sonderbar anzusehen, das erregte denn doch Verdacht. Da strahlten Rosen, sonnengelb, dazwischen aber stachen bräunliche Schuttkarden hervor, trocken und hart, und rings über die Ränder quollen in Orange und Gelb und Rot Vogelbeeren, japanische Quitten, Zieräpfel, Sanddorn, Kornelkirsche, und die ersten noch grünen Haselnüsse, die blauen Früchte der Mahonie steigerten nur den Goldton des Ganzen. Die Gemeinde schaute verdutzt. Aber Helena lächelte, als sie, ihren weiland Bräutigam am Arm, aus der Frühmesse kam und zu mir herüber drohte: „Petze! Das kriegt ja jeder heraus: Rosen und Disteln und Früchte, und irgendwie doch alles golden –" Und voller Eifer: „Sag mal, ich möchte mich revanchieren. Kann ich nicht mal den Brautstrauß für dich machen? Ich weiß schon wie – aus all deinen geliebten Unkräutern." – „Hm", sagte ich, „dafür würde es sich lohnen zu heiraten."

Begräbnis

Wenn jemand lange zur Gemeinde gehört hat und sein Platz in der Bank plötzlich leer bleibt, dann liegt dort wohl vom Todestag bis zum Begräbnis eine Blume, ein Lied oder Vers aufgeschlagen dabei.

Beim Seelenamt steht vor der Osterkerze manchmal eine einzelne hohe Blume, ein schmales Gesteck. Sonst gilt für den Kirchenschmuck nur der eine Grundsatz: Er soll nicht traurig aussehen! Da es doch eine Heimkehr zu feiern gilt... Darum, auch wenn wir gar keine Zeit haben, frischen wir zumindest den schon leicht angewelkten Altarstrauß vom letzten Sonntag durch Nachstecken auf. Vielleicht mischen wir aber Efeu oder Kirschlorbeer oder Mahonie hinein, mit ihrem tiefdunklen Laub: Auch unsere Dunkelheiten, Schmerz und Nichtbegreifen, bringen wir ja vor Gott.

So wird unser Kirchgarten immer wieder auch für die persönlichen Stationen im Leben des Christen zum Begleiter.

Erstkommunion

Das Fest der Ersten Heiligen Kommunion wird bei uns um Christi Himmelfahrt gefeiert. Wir bestecken den österlichen Kranz am Kreuz mit Margeriten (üppiger und dauerhafter sind freilich Chrysanthemen vom Markt). Er wirkt dann wie ein Kranz, den Kinder an einem Wegekreuz aufgehängt haben. Weiß blüht es auch um den Tabernakel und die Marienstatue herum, etwa vom Schneeball. Zum Altar aber stellen wir – von dem weißen doldigen Spierstrauch locker überspielt – Rhododendren in allen Farben, die wir bekommen können, alle Nachbarn betteln wir darum an: Festlich sehen sie aus und haben dabei etwas Kindliches, die großen bunten Bälle.

Firmung

Sonst kam der Bischof in die Gemeinden, das letzte Mal aber gingen die Firmlinge des ganzen Bistums zum Bischof hin, in den Dom. Es war ein Anblick, all diese Jugend, die sich zum Christsein

entschlossen hatte. Unsere Firmlinge wollten aber darüber hinaus ihre Heimatgemeinde in besonderer Weise an ihrem Schritt teilhaben lassen. Sie luden zu einem Gottesdienst in St. Theresien ein, den sie selbst gestalteten. Sie übernahmen auch den Blumenschmuck, will sagen: Sie richteten einen Baum von fünf Metern Höhe in der Kirche auf (wie schafften sie das nur), einen lebendigen, mit Ballen, zum Auspflanzen. Und ihre Texte, die liturgischen und die selbstgemachten, sprachen vom Aufwachsen, vom Wurzelbilden und Sich-Strecken, in die Höhe hinauf und rund herum, vom Aushalten im Wetter und vom Schutzgeben für andere. Heute steht der Firmlingsbaum am Aasee, ist stattlich geworden und – wie es im Evangelium heißt – die Vögel des Himmels nisten in seinen Zweigen.

Hirtendienste

Um Peter und Paul (29. Juni) blüht im Kirchgarten eine Taglilie, eine der wenigen wirklich fast weißen, mit dem passenden Namen „Gentle Shephard". Für den Kirchenschmuck ist sie, wie die Art, wegen ihrer kurzen Blütezeit kaum zu gebrauchen. Aber unser Pastor findet in der Sakristei einen ihrer schönen Stängel vor, als Gruß zum Tag seiner Priesterweihe. – Fragen Sie mal Ihren Pfarrer, den Kaplan, den Diakon. Weihetage sind oft Pfingsten, Stephanus (2. Weihnachtstag), Lichtmess (2. Februar) – wie wäre es, einmal wenigstens eine Blüte aus dem Festschmuck für den geistlichen Helfer abzuzweigen?

Wir konnten hier bisher weder Primiz noch Priesterjubiläum feiern. Dafür aber, an einem unvergesslichen Abend im April 2005, erlebten wir staunend und jubelnd mit, wie ein ehemaliger Mitbürger, der jahrelang durch unsere Straßen geradelt war – mit der abgeschabten Aktentasche, unterwegs zu seinen berühmten Vorlesungen – in das höchste kirchliche Amt gewählt wurde.

Und weil wir nicht auf dem Petersplatz Fähnlein schwenken konnten, stürzten wir uns in den Kirchgarten: so dass in der Frühmesse, in der zum ersten Mal der Name Benedikt fürbittend genannt wurde, der Blumenschmuck am Altar mit den Kirchgängern um die Wette strahlte „Habemus papam!" Denn auch dem Verschlafensten sprang das Gelb und Weiß und Weiß und Gelb in die Augen: Narzissen und Tulpen, Gemswurz und Schlehe, Spierstrauch und Ranunkelstrauch spiegelten aufs fröhlichste die päpstlichen Farben, das ererbte Gold und Silber des Königreichs Jerusalem, übersetzt in die Farben des deutschen Frühlings.

Bistumsjubiläum

Heute keine Messe in St. Theresien? Das gibt es gar nicht. Oder doch: wenn sämtliche Theresianer auf den Domplatz strömen, zur Messe unter freiem Himmel (sollte auch der Regen strömen: Daran sind wir hierzulande gewöhnt). Da war nun das Bistumsjubiläum, 1200 Jahre nach der Gründung durch den heiligen Liudger, das musste groß gefeiert werden!

Das Logo des Bistumsjubiläums hatte uns schon seit Monaten an jeder Ecke entgegengelacht, groß und bunt, und auf jedem Kragen klein und bunt: fünf Quadrate, in fünf Farben, in einer geraden Linie angeordnet. Und am Vorabend der Jubeltage sprang unserer Gemeinde das Bistumslogo vom Chor her in die Augen: in einer geraden Linie angeordnet fünf würfelartige Vasen, in fünf Farben, aus denen Blumen in ebendiesen Farben wuchsen. Ein einziges Ausrufezeichen war es: Vergesst nicht, kommt gelaufen, tut mit und seid fröhlich! Und wirklich, wenn wir auch unter den Zweihunderttausend, die sich auf dem Fest tummelten, überhaupt nicht auffielen: Dabei gewesen sind wir alle, und fröhlich, ja, das waren wir!

IHR FREUNDE GOTTES ALLZUGLEICH

So wie St. JOSEF lasst uns nun,
was nötig ist, bescheiden tun.

Ihr Heiligen alle, gebt uns Geleit
zum Garten der ewigen Seligkeit.

Kalendersprüche aus dem Kirchgarten

JOSEF von Nazaret (Fest 19. März und 1. Mai), der Bräutigam der Gottesmutter und Nährvater Jesu, der
„Arbeiter" ohne ein einziges überliefertes Wort. Patron der Kirche. Wichtiger Tag für den Bauernkalender.

ALLERHEILIGEN (Fest 1. November). „In paradisum deducant te angeli: in tuo adventu suscipiant te
Martyres, et perducant te in civitatem sanctam Jerusalem ..."
(Zum Paradiese mögen Engel dich geleiten, bei deiner Ankunft die Märtyrer dich begrüßen und dich führen in
die heilige Stadt Jerusalem"). Aus der Begräbnisfeier.

„Aber wo bleiben die vielen Heiligenfeste das Jahr hindurch?" fragte der Redakteur begierig. Auch hier müsse doch kirchlicher Blumenschmuck Zeichen setzen. Und er legte mir gleich eine ganze Liste von „Highlights" vor.

Das ist nun zu viel der Ehre! Das zu beantworten, brauchte ich ein paar Jahrzehnte Erfahrung und Austausch mit anderen Gemeinden. In einer kleinen Pfarrkirche ist nicht alles möglich und auch nicht alles nötig, wie in einem Garten. Aber die Herausforderung verlockt, und so wage ich doch einige Anregungen über das Erprobte hinaus.

Nun ist ja jeder Tag in der Kirche ein Fest, an dem wir Gott ehren in seinen Heiligen. Aber nicht jedes dieser Feste kann liturgisch sichtbar werden: Manches steht im Schatten eines anderen, größeren Festes – vielmehr, es wird überstrahlt von dessen Licht –, oder gebotene Schmucklosigkeit, wie in Advent und Fastenzeit, schränkt die Möglichkeiten des Gestaltens ein (bis auf einen kleinen Akzent für den einen Tag, der erlaubt ist). Schon jeder Sonntag hat als Tag des Herrn immer und unbedingt Vorrang, und so manches Heiligengedenken entfällt dadurch, sofern es nicht nachgeholt werden kann.

Wo eine Statue oder ein Bild des Tagesheiligen vorhanden ist, gehört der Blumenschmuck sicherlich dorthin. Sonst mag der Ort in der Kirche wechseln – so könnte ich mir für die Evangelisten einen Schmuck am Ort der Verkündigung, Kanzel oder Ambo, vorstellen. Wir, in unserer modernen Kirche, haben nur ein Mikrofon, das eignet sich für derlei nicht. Meist suchen wir darum dem Altarschmuck einen Akzent mit Bezug auf einen bestimmten Heiligen zu geben.

Josef

Unter den vertrauten Gestalten der ganz Großen müssen wir ihn zuerst nennen. Als Hüter der Heiligen Familie ist er zu einer Würde erhoben wie kein anderer Heiliger. Die Texte der Liturgie ehren ihn unter dem Bild der hochwachsenden Palme, die Lieder preisen seine Treue, seinen schweigenden Gehorsam, die Kirche nennt ihn ihren Patron. Aber wurde und wird er nicht oft übersehen, als Randfigur? Wie undankbar ... Das „Josefiblüml", das Leberblümchen, über das wir uns im Garten schon freuen können, würde im Kirchenraum übersehen, es wurde eben nicht für die Vase geschaffen. Hätten wir hier eine Statue oder ein Bild, wir wollten zum 19. März gern einen einzelnen blühenden Zweig aufstellen, der würde auf die Legende seiner wunderbaren Erwählung zum Bräutigam der Gottesmutter hindeuten und zugleich in seiner Einfachheit zur Fastenzeit passen.

Aber die Kirche gibt ihm ja noch einen weiteren Festtag. Am 1. Mai steht im Kalender: Josef der Arbeiter. Da können wir neben dem Maialtar ein Stillleben von besonderer Art aufbauen: ein paar Bretter, einen Hauklotz und was ein Zimmermann so braucht (gefährliches Werkzeug nach der Messe wegräumen!), vielleicht ein Holzspielzeug (bestimmt hat er dem Christuskind so etwas geschnitzt), vielleicht einen Napf mit drei Löffeln, und dazu entweder die weiße Lilie, Symbol der Reinheit, die auf vielen Darstellungen sein Attribut ist (im Böhmischen heißt sie deswegen sogar „Josefinilgen") oder – nicht ganz so unmittelbar verständlich – einen Zweig der späten Magnolie, die im Kirchgarten blüht. Die passt nicht zu unserem Maialtar mit seinen kleinen und zarten Frühlingsblühern, groß wie sie ist, in Silberweiß und Purpur. Eine wahrhaft fürstliche Blüte, aber gerade diesem einfachen Mann gemäß: „Du aus Davids Stamm geboren" singen wir heute – wir wollen's nicht vergessen.

Johannes der Täufer

Die Kirche hat weise das Geburtsfest des Täufers auf das uralte Fest der Sonnenwende gelegt, um damit den unausrottbaren heidnischen Vorstellungen und Bräuchen neuen Sinn zu geben. Und zwar auf höchst einleuchtende Weise: Nannte doch der Herr selbst seinen großen Vorläufer „ein brennendes, scheinendes Licht" (so übersetzt Luther). Und das Naturjahr stellt uns soeben vor Augen, was Johannes selbst über sich gesagt hat: nämlich dass er, so wie das irdische Licht nach dem Höhepunkt seiner Bahn, abnehmen müsse, indessen Christus, das himmlische und ewige Licht, stetig zunehmen werde.

Am 24. Juni also lassen wir den Taufstein in der Theresienkirche rings umwuchern vom wilden Johanniskraut, der kostbaren Heilpflanze, und gesellen ihr die größere, leuchtendere Gartenform zu. Das inspirierte einmal unseren Liturgiekreis zu einem Familiengottesdienst. Jedoch wurde dieses Projekt verschoben aufs nächste Jahr, denn die junge Frau, die es zu organisieren gedachte, musste überraschend gerade am Johannistag ihr Kindchen zur Welt bringen. Aber als das Kindchen dann zur Taufe getragen wurde, wie wurde es da genannt? – Johannes, meinen Sie? Nicht doch: Johanna.

Peter und Paul

Die einzelnen Apostelfeste werden bei uns durch das Anzünden aller zwölf Apostelkerzen hervorgehoben: Jeder der Berufenen wird mit dem ganzen erlauchten Kreis zugleich geehrt.

Zu Peter und Paul aber, am 29. Juni, möchten wir schon eigens schmücken. Da nehmen wir, was der Garten an Pracht nur hergibt. Wir machen zwei Gestecke, eins rechts, eins links vom Tabernakel oder vom Altar, oder auch nebeneinander, so symmetrisch wie es uns nur gelingen will; beide gleich hoch und schmal wie Säulen, aber in der Farbe verschieden, wie die beiden Apostelfürsten in ihrem Wesen. Wenn wir doch zwei Arten der Steppenkerze im Kirchgarten hätten! Dafür aber hatten wir einmal unter unseren wilden Königskerzen zwei, die zwar gar nicht besonders dekorativ aufgeblüht, aber in ihrem Bau überwältigend zwillingshaft waren – wie hätten wir widerstehen können?

Patronatsfest

Ein wichtiger Tag überall ist natürlich das Patronatsfest. Unsere Theresia von Lisieux – zärtlich Thresken genannt – hat in ihrer Nische immer einen Blumengruß, wie Kirchenjahr und Gartenjahr ihn zulassen. Aber zum Patronatsfest müssen es Rosen sein: „Nach meinem Tod will ich Rosen über die Erde regnen lassen", hat sie gesagt – ein wunderbares Versprechen der Fürbitte. Daran erinnern wir uns mit Dankbarkeit, wenn wir zu ihrem Tag, dem 1. Oktober, ihr Bild schmücken. Rosen müssen wir freilich kaufen, und hier sparen wir nicht. Meist übernehmen wir die Farben vom Erntedankfest, dessen Schmuck noch aufgebaut ist, gelb wie die Ähren, rot wie der Mohn, um einer gewissen Einheitlichkeit der Kirche willen. Aber wenigstens eine Rose aus dem Kirchgarten muss mit hinein in den Strauß, ob sie farblich passt oder nicht, darauf bestehen wir, und sei sie noch so zerfledert vom Herbstregen – dann eben an unsichtbarer Stelle. Das gab uns die Idee ein:

Wenn wir nun nächstes Mal, im Jubiläumsjahr unserer Kirche, überhaupt keine Rosen vom Händler brauchten? Wenn stattdessen jede und jeder Einzelne in der Theresiengemeinde auch nur eine einzige Rose brächte? – Um diese Zeit blühen ganz sicher noch ein paar Rosen in vielen Gärten. Alle Sorten, Formen und Farben wären willkommen, je vielfältiger, desto besser. Jede Rose, die in der Kirche abgegeben würde, fände ihren Platz. Wir könnten leicht mehrere Ständer, verschieden hoch, zum Stecken vorbereiten, mit lang herunterrieselnden Zweigen oder hängenden Blättern.

So haben wir es gemacht. Es wurde ein fröhliches Schenken und gemeinsames Tun. Und ein Zeichen: Auch wir sollen und können einen Regen von Rosen aussenden, gerade für die Ärmsten und von der Gesellschaft Aufgegebenen, so wie die heilige Theresia es sich zur Aufgabe gemacht hat. Mit unserer Fürbitte, mit unserer praktischen Hilfe.

Heiligenfeste im Schatten anderer Feste

Das Fest der drei Erzengel Michael, Gabriel und Rafael am 29. September verdiente ganz entschieden mit unserem Blumenschmuck hervorgehoben zu werden. Es ist der alte, populäre Michaelistag, den auch die lutherische Agende bewahrt. Doch ist er heute meist verdrängt vom Erntedanksonntag, ebenso wie das Schutzengelfest am 2. Oktober. – Wie viele Darstellungen kennen wir von St. Michael als dem Führer und Vorbild der Streiter Christi! Welch passender Schmuck wäre da die Engelwurz, die Angelica archangelica, nicht umsonst heißt sie so, die Heilpflanze mit ihrer großartigen Erscheinung. Nur leider ist sie längst vertrocknet.

Dafür bietet der Garten gerade um diese Zeit ein Bild, das uns die himmlischen Heerscharen vor Augen führen will. Da sehen uns in Überfülle die fast durchscheinend perlmutternen Gesichter der Herbstanemonen an, da schimmern aus dem Schatten die Silberkerzen, die eine Art überhängend mit den strahlendweißen Rispen, die etwas von ausgebreiteten Schwingen haben, die andere Art straff aufragend wie Lanzen aus Licht, dazwischen die kraftvollen Gestalten des späten Eisenhut, mit ihren Helmen in leuchtendem Blau, schließlich die runden Schilde der Bergenie, die Schwerter von Gladiole und Yucca. Das ergibt einen Blumenschmuck, der uns ins Gedächtnis rufen kann: Wir sind geborgen, von guten Mächten, wunderbar.

Am 12. September, im Schatten des Festes Mariä Namen, steht bescheiden, wie sich's gehört, ein heiliger Küster: Guido von Anderlecht, Küster zu Laeken bei Brüssel. Zwar wird er meist als bäuerlicher Pilger dargestellt, aber seinen Stand würden eigentlich die Kirchenschlüssel ausweisen – so heißen mancherorts die Schlüsselblumen. Die gehören zwar wieder einmal eher zu den Symbolen der Gottesmutter – natürlich, weil uns durch sie der Himmel aufgeschlossen ist – oder sie erinnern, ebenfalls natürlich, als „Petersschlüssel" an den Himmelspförtner; betrüblicher aber ist, dass sie ein halbes Jahr zuvor abgeblüht haben. Was tun? Es wird doch vom Sonntagsschmuck etwas übriggeblieben sein: Überreichen wir das, St. Guido zu Ehren, unserem Küster als Dank für seinen meist ungesehenen Dienst.

schicken versprach und dies auch wirklich tat: Ein Körbchen war es mit Äpfeln und Blumen. So eines stellen wir denn in der Kirche auf, nur eben für den Gedenktag, dazu Schneeglöckchen und Winterling, die gibt es schon im Garten – sie haben uns etwas zu sagen vom Leben nach scheinbarem Sterben. Und die Blumenfrauen schenken einander ein Sträußchen davon oder ein Primeltöpfchen: Auf gute Zusammenarbeit weiterhin!

Im Sommer dürfen wir im Garten aus dem Vollen schöpfen, wir kommen bestimmt nicht in Nöte, Geeignetes zu finden.

Lassen wir uns doch hinreißen, zum Fest der Nothelferin, die allein mit dem Kreuzzeichen den Teufel bezwang, Margareta von Antiochien, einmal in den Margeriten zu schwelgen, die so getreulich zum 20. Juli blühen, zumal ihr Weiß besonders glänzt und in der Kirche nicht vergraut.

Dann ist da vor allem der 22. Juli, Maria Magdalena. Sie ist uns Gärtnerinnen besonders lieb: In einem Garten geschah es ja, dass sie den Auftrag erhielt, Botin des Auferstandenen zu sein. Sollten wir ihr nicht – wie es im 15. Jahrhundert der Hildesheimer Meister tat – eine schneeweiße Lilie beigeben mit sieben Blüten, zum Zeichen, dass der Herr sie von sieben Dämonen gereinigt hatte? Schade, die wächst im Garten nicht: Solch ein Schmuck wäre doch mal eine Demonstration gegen Magdalenas unausrottbares Image als der ewigen Büßerin – dabei ist sie doch die Befreite und Berufene. Meist aber wird sie dargestellt mit einem Balsamfläschchen in der Hand. Sie kam ja zum Grabe, weil sie den Toten salben wollte, wie sie zuvor schon, so heißt es, dem Lebenden die Füße gesalbt hatte, mit kostbarstem Öl – und „das Haus wurde vom Duft des Öls erfüllt", berichtet Johannes. Die Lesung spricht von ihr als der sehnsüchtigen Braut des Hohen Liedes, von der Liebe, deren „Gluten Feuergluten, gewaltige Flammen" sind. Diese Worte im Ohr, holen wir

Der Tag der heiligen Dorothea, der 6. Februar, wird leicht vergessen, so kurz nach der Darstellung des Herrn, Mariä Lichtmess. Doch auch wenn er in manchen Kalendern gar nicht mehr aufgeführt wird, verdient er ein kleines Zeichen. Denn selbstverständlich ist die Patronin der Blumengärtner auch die Nothelferin derer, die sich mit dem Blumenschmuck der Kirche plagen. Die Legende der Heiligen erzählt – und es ist oft und oft gemalt worden –, dass sie, um einen Ungläubigen zu bekehren, ihm nach ihrem Martertod einen Gruß aus dem Paradies zu

den ganzen Überschwang der Flammenblume, des Phlox, in die Kirche, Rot und Violett zur Farbenglut gemischt – und wahrlich, das Haus ist vom Duft erfüllt!

Ende August überschlagen sich die leidenschaftlichen Sommerfarben: Dahlien in Zinnober und Karmin und Orange, tieflila Phlox und purpurner Fuchsschwanz, kupferne Sonnenbraut, heftiggelbes Sonnenauge, daneben sanftrosa und reinweiße Malve. Wir fassen all dieses Widerstreitende in dem Strauß zusammen, den wir zum Altar tragen – morgen ist der 28., der Tag des Augustinus, der hat's gewusst: „Unruhig ist unser Herz, bis es ruhet in dir."

17. September, Hildegard von Bingen. Schade, zu medizinischen Zwecken sammeln wir um diese Zeit besser keine Kräuter mehr. Aber einen ganz ansehnlichen, freilich nicht eben eleganten Strauß bringen wir noch zustande, wenn wir von den Wegrändern und Gräben Goldrute, Beifuß und dazu vielleicht die Wedel vom Wurmfarn holen. Damit grüßen wir in höchster Achtung die große Natur- und Heilkundige, der wir so viel zu verdanken haben.

Wo Bräuche ein Fest prägen, spielen wir gerne darauf an. Die Kinder, wenn sie vom Martinszug am 11. November oder, bei uns zulande, auch vom Lambertisingen am 18. September, in die Kirche gestürmt kommen, merken bestimmt nicht, dass der Blumenschmuck am Altar fast nur aus Lampionblumen besteht, sie schauen stolz und besorgt auf ihre selbst gebastelten Laternen. Aber die Erwachsenen, die um diese Zeit die Kirche betreten, nicken erinnerungsselig: Ach ja, es ist wieder mal so weit ...

Wie wird anderswo am 22. November die Heilige der Musik, St. Caecilia, gefeiert? Oft sicher mit großem Hochamt und Kirchenkonzert. Aus der Zeit der Makart-Sträuße – vor anderthalb Jahr-

hunderten – stammt der listige Vorschlag von Pfarrer Rütter, den Musikverein zu einer frommen Stiftung zu animieren, weil doch ein Gestell für Trockenblumen, in Form einer Lyra (damals der letzte Schrei), für diesen Tag überaus passend wäre.

Wenn aber kein besonderes Fest stattfindet und kein entsprechender Schmuck gebraucht wird, wie bei uns: Warum nicht die Gelegenheit wahrnehmen, den ehrenamtlichen Organisten oder die Leiterin des Jugendchors mit einem Dank aus dem Kirchgarten zu überraschen? Ein paar lichte Gräser, bizarre Samenstände, leuchtende Beeren, wie wir sie gerade für das Christkönigsfest zusammentragen, sind schnell zum Strauß gebunden und überreicht.

Der 28. Januar ist der Tag des Dominikaners und Kirchenlehrers Thomas von Aquin. Wir kennen seine gedankentiefen Hymnen zum Preis der Eucharistie. Da ist es in seinem Geist, den Tabernakel zu schmücken, auf behutsame Weise. Der Winter bietet uns einige wenige Zweige der Zaubernuss, deren feiner Duft sich uns mitteilt und wieder entschwindet – ein Zeichen, dass das Geheimnis nicht zu fassen ist: „Augen, Mund und Hände täuschen sich in dir..."

Vergessene Heilige

In vielen Kirchen hängt irgendwo in der Ecke ein Bild, das keiner beachtet – auch Heiligenverehrung ist von Moden abhängig. Bei uns verstaubt neben der Orgel ein grobes dunkles Relief. Es zeigt den Apostel Judas Thaddäus, gestiftet, als seine Verehrung eine späte Blüte erfuhr. Jetzt ist er fast nur noch ein Name, einer der Zwölfe. Aber am 28. Oktober, zu „Simjü", des Simon Zelotes und seinem Fest, steht zuverlässig eine Vase mit Herbstschmuck vor seinem Bild: Sieh an, denkt da mancher im Vorbeigehen, den gibt es auch noch... und ein wenig lässt sich schon ahnen, was das bevorstehende Fest Allerheiligen uns bewusst macht: wie überwältigend groß die Schar der Heiligen ist, der berühmten, der vergessenen und der nie von irgendwem bemerkten, die Gott allein kennt.

Allerheiligen und Allerseelen

Allerheiligen – das ist das große christliche Familienfest, das uns mit den Menschengeschwistern im Himmel verbindet. Es soll feierlicher Dank sein für die Vielfalt der Gnaden und Tugenden, die sich immer wieder auf unzähligen, restlos verschiedenen Lebenswegen zeigen – welche Ermutigung für uns! Vielfalt ist darum auch das Thema unseres Blumenschmucks.

Wer Chrysanthemen als Friedhofsblumen abtut, tut ihnen Unrecht. Sie können in der Kirche ganz anders wirken. Wir nehmen deshalb nicht zuviel Weiß, sondern mischen mit Gelb und Rost und Grünlich, in allen Größen und Formen, den riesigen und den winzigen, den wuschelköpfigen und spinnenartigen und den Pompons. Ihr Leuchten wird gesteigert vor dem glänzenden Laub von Kirschlorbeer und Stechpalme; deren rote Früchte und vielleicht ein paar allerletzte Dahlien geben Farbspritzer dazu.

Auch wo wir hohe Zweige brauchen, achten wir auf lebendige Wirkung der Farben und Formen: Da sind die Pfaffenhütchen in ihrem verblüffenden Rosa mit Orange, der Feuerdorn in Orange und Rot. Einmal bekamen wir Spargelkraut geschenkt, das grün ja langweilig ist, verwelkt aber zu goldenen Schleiern wird, die weithin signalisieren: Es ist ein Freudentag, den wir feiern. Über die Apostelkreuze hängen wir Kränze, Ehrenzeichen, die aber, unserem Gartenstil gemäß, nicht streng gebunden, sondern locker (und nicht halb so mühevoll) um Reifen geschlungen sind, aus Efeu: Auch er, der „Lorbeer des Nordens", ist Symbol des Ruhmes.

Und des treuen Gedenkens! Den Efeu, der so viele Gräber deckt, fügen wir für den nächsten Tag, zu Allerseelen, dem weiterhin strahlenden prachtvollen Schmuck von Allerheiligen bei. Auch am Altar, wo heute den ganzen Tag über viele kleine rote Lichte brennen, fehlt der Efeu nicht.

Obwohl – gerade hier wäre er nicht eigentlich notwendig. Denn wenn wir Trost suchen, dann ist es nicht die immergrüne Pflanze, auf die wir schauen, trotz ihrer uralten sprechenden Symbolik. Die ruhige Gewissheit des ewigen Lebens geht aus von dem einzigen Baum, der in den Himmel reicht: dem Kreuz Christi.

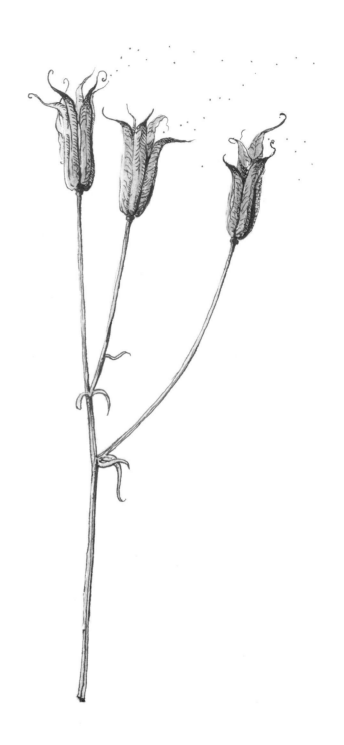

SO JETZT UND IMMERDAR

St. DOROTHEE ganz sicher weiß:
Ein Pröblein gibt's vom Paradeis.

Kalenderspruch aus dem Kirchgarten

DOROTHEA (Fest 6. Februar), gest. um 304, sandte nach ihrem Märtyrertod einem Spötter wie versprochen einen Korb mit Blumen und Äpfeln aus dem Paradies und bekehrte ihn damit. Nothelferin, Patronin der Blumengärtner.

Gärten haben ihre Zeit. Sie werden geschaffen, und sie vergehen wieder.

Wie sollte das nicht auch gelten für unseren Kirchgarten, den wir so liebevoll pflegen. Und für den Garten in unserer Kirche, den wir so nachdenklich gestalten. Und überhaupt für unsere Kirche, der wir so entschlossen zugehören – ach, was weiß man denn ...

Es kommt vor, dass wir beklommen stehen bleiben und das Werkzeug uns in der Hand schwer wird.

Und dann geschieht etwas – ein Nichts, eine Bewegung der Luft vielleicht, wie vom Flügel eines Schmetterlings, streift uns, streichelt uns, ein Schirmchen vom Löwenzahn weht vorbei ... und ein bisschen lächeln wir schon. Wir müssen ja gar nicht wissen. Es ist dafür gesorgt, dass nichts verlorengeht. Und auch die Idee unseres Kirchgartens sät sich schließlich aus. Fröhlich, unaufhaltsam, fortschnellend wie Springkraut – „Nein!", schreien die Gärtnerinnen auf, „so nicht! Nicht wie Springkraut!" – Schon gut, ich meine ja: wie Akelei. Seht euch das an, sogar da drüben, direkt an der Fahrbahn wächst eine: deutlich kleiner als sonst, aber ganz richtig nach ihrer Art ge-

bildet, unverkennbar das Dreiblatt, das Blütenblau, der verborgene Same – die ganze geheimnisvolle Pflanze, Zeichen der immerwährenden Anrufung Gottes – aus einer Ritze im Asphalt.

Die Erde wartet nur darauf, auszubrechen in Gesang!

Und wir fassen unser Werkzeug fester: „Na, kommt. Dann wollen wir mal wieder ..."

DANK

In großer Herzlichkeit sei all denen Dank gesagt, die im Kirchgarten, beim Blumenschmuck und bei diesem Buch hilfreich waren. Der Demokratie halber sind sie alphabetisch und außerdem samt und sonders schlichtweg beim Taufnamen genannt, wie es sich geziemt unter Brüdern und Schwestern:

Adelheid • Alfons • Andrea II • Andreas I • Andreas II • Andrew • Anke-Sabine • Anna • Anna-Katharina • Anne • Annelise • Annette • Barbara • Beate • Birgit • Burkhart • Cäcilia • • Christel • Christian • Christiane • Christoph Bernard • Chrysostomus • Claudia • Cornelia • • Dagmar Christina • Dieter • Dörthe • Dorothee • Elfriede • Elisabeth I • Elisabeth II • Elisabeth III • Elisabeth IV • Erika • Erwin • Eva-Maria I • Eva-Maria II • Eva-Maria III • • Ferdinand • Franziska • Franz-Josef I • Franz-Josef II • Franz-Xaver • Gabriele • Gaby I • • Gaby II • Gerd • Gerda • Gerd Ernst • Gerhard I • Gerhard II • Gertrud I • Gertrud II • Gertrud III • Günther • Hanna Agathe • Heike • Heinz Günther • Helena • Helga • Herbert-Robert • Hermann • Hilde • Horst Friedrich • Iris-Maria • Irmgard • Jan • Johann Michael • • Josef I • Joseph II • Joseph III • Joseph IV • Julian • Jutta • Käthe • Karl • Katharina • Konrad • Ludger • Ludwig • Luisa Katharina • Maike • Manfred • Maria I • Maria II • Maria III • Marion • Martha • Martin I • Martin II • Martina • Matthias • Matthis • Monika • • Mechthild I • Mechthild II • Michael I • Michael II • Nadine • Norbert • Ottilie • Otto • • Paul I • Paul II • Peter • Philipp • Pia • Raphael • Reiner • Reinhild • Renate • Rita • Robert • Rudolf • Roswitha • Roswitha-Christiane • Sandra • Simona • Tanja • Thomas I • • Thomas II • Thomas III • Tineke • Ulla • Ulrich I • Ulrich II • Ulrike I • Ulrike II • Ursula • • Ursula II • Vera • Veronika • Werner I • Werner II • Winfried • Wolfgang • Wolfhard •

EIN BLICK IN DIE WERKSTATT

Als mich Frau Fritz anrief, ob ich Lust hätte, am Buchprojekt „Erde singe" mitzuwirken, ahnte ich schon: Das wird etwas ganz Besonderes. Ich sollte Recht behalten.

Meine Tätigkeit als Auftragsmaler bringt es mit sich, dass ich mich immer wieder mit unterschiedlichen, oft ungewohnten Themen auseinandersetzen muss. So auch bei diesem Projekt. Aus der Perspektive des Agnostikers beobachtet, war es interessant zu entdecken, wieviel inneren Halt das Wirken in der Kirche und rund um die Kirche, hier vor allem in dem ungewöhnlichen Garten, den Beteiligten gibt, und wie dabei Freiraum für Fröhlichkeit und Spontaneität entsteht. Die christliche Religion wird von denen, die heute zu ihr stehen, offensichtlich bewusster gelebt denn je.

Nomen est omen: Der Verlagsname „Dialog" kennzeichnet goldrichtig unser Arbeitsprinzip. Wir stellten schnell fest, dass es eine Schnittmenge zwischen uns gab: die gegenseitige Achtung unserer Weltanschauungen, dazu die Überzeugung, dass das handwerkliche, realistische Zeichnen eine universelle, verbindende Sprache ist. Gemeinsam ist uns beiden auch eine Verweigerungshaltung gegenüber Modediktaten. Fast zwei Jahre hat nun die Zusammenarbeit von Frau Fritz und mir gedauert. Es zeigte sich wieder einmal: Gut Ding will Weile haben – allein dieses schon ein subversiver Akt gegen den Zeitgeist.

Um manches Bildkonzept wurde durchaus intensiv gerungen. Charakteristik von Pflanzen, theologische Aussage und ästhetische Stimmigkeit mussten in Einklang gebracht werden. Die Grundgedanken der Illustrationen gehen fast immer auf die Autorin zurück. Mir fiel die Übersetzung ins Bildhafte zu. Besonders reizvoll war dabei für mich, mit Grauwerten ein Sujet zu gestalten, das nach Farbe zu verlangen scheint.

Ungezählte Faxe und Telefonate gingen zwischen dem Dortmunder Atelier und der Münsterschen Schreibstube hin und her. Die werden mir fehlen, habe ich doch mittlerweile die schwungvoll-kalligraphische Handschrift der Autorin, ihre muntere Stimme und nicht zuletzt ihre Limericks schätzen gelernt. Auch den Duft des Weihbüschels zu Mariä Himmelfahrt finde ich angenehm. „Ob Sie nun wollen oder nicht, den Segen bekommen Sie dazu", sagte die Autorin. Diesen Satz will ich hier unkommentiert stehen lassen.

Wertvolle Anregungen verdanke ich auch dem Redakteur Dieter Lammerding vom Dialogverlag Münster und den „Zunft"-Schwestern des Kirchgartens.

Es war eine schöne Aufgabe, dem Kirchgarten von St. Theresien bzw. der Idee, die dahinter steht, einen Dienst zu erweisen.

Andreas Raub

NACHWEIS DER LIEDZITATE

Der Titel des Buches, der beiden Teile und der Kapitel sind sämtlich viel gesungenen Liedern aus dem „Gotteslob" des Bistums Münster, 7. Aufl. 1998, entnommen, die fast alle auch im „Evangelischen Gesangbuch" stehen.

Erde singe aus: Erde singe, dass es klinge, GL 840

Ein neues Lied aus den Psalmen vertraute, in viele alte wie neue Lieder eingegangene Wendung, etwa aus: Singt dem Herrn ein neues Lied, GL 268

Ermuntert euch aus: Nun danket all und bringet Ehr, GL 267, EG 322

Was krumm ist, macht gerad aus: Mit Ernst, o Menschenkinder, GL 113, EG 10

Kommt her, zu seinem Dienst euch stellt aus: Nun jauchzt dem Herren, alle Welt, GL 474, EG 288

Kommt her, ihr Kreaturen all aus dem gleichnamigen Lied, GL 944

Alles was fröhlich kann werden aus: Erfreue dich Himmel, erfreue dich Erde, GL 259, EG 636

Ach wie flüchtig, ach wie nichtig aus dem gleichnamigen Lied, GL 657, EG 528

Und trau des Himmels reichem Segen aus: Wer nur den lieben Gott lässt walten, GL 296, EG 369

Mein schönste Zier aus dem gleichnamigen Lied, GL 559, EG 473

Ein Haus voll Glorie aus dem gleichnamigen Lied, GL 639

Lass unser Werk geraten wohl aus: Die helle Sonn' leucht' jetzt herfür, GL 667, EG 437

Morgenglanz der Ewigkeit aus dem gleichnamigen Lied, GL 668, EG 450

Du edler Rosengart aus: Ave Maria zart, GL 583

Vor G'fahr und allem Schaden aus: Aus meines Herzens Grunde, GL 669, EG 443

Auf dieser Pilgerreise aus: O wunderbare Speise, GL 503

Ihr Freunde Gottes allzugleich aus dem gleichnamigen Lied, GL 608

So jetzt und immerdar aus: Nun danket alle Gott, GL 266, EG 321

LITERATUR

Ich nenne nur einiges Wenige zur Weiterführung, und zwar ebenso wissenschaftliche wie populäre, praxisbezogene wie meditative Literatur. Einiges davon ist z.T. nur antiquarisch erreichbar. Manche neue Darstellung, besonders im Umfeld Symbolik, könnte ich jedoch nicht ohne Vorbehalt anführen.

Behling, Lottlisa: Die Pflanze in der mittelalterlichen Tafelmalerei. Weimar 1957

Beuchert, Marianne: Sträuße aus meinem Garten. Stuttgart, 4.Auflage 1991

Bieritz, Karl-Heinrich: Das Kirchenjahr. Feste, Gedenk- und Feiertage in Geschichte und Gegenwart. München, 6. Auflage 2001

Fattinger, Rudolf: Liturgisch-praktische Requisitenkunde. Freiburg 1955, Stichwort Altarschmuck.

Gallwitz, Esther: Ein wunderbarer Garten. Die Pflanzen des Genter Altars. Frankfurt a.M./Leipzig 1996

Grün, Anselm: Du bist ein Segen. Münsterschwarzach 2004

Grün, Anselm / Reepen, Michael: Heilendes Kirchenjahr. Münsterschwarzach 1985

Haudebourg, Marie-Therese: Vom Glück des Gartens. Gartenparadiese des Mittelalters. Ostfildern 2004 (Perrin 2004), 1. Teil: Klostergärten.

Hellmann, Anton: Der Sakristan. Das Handbuch für die Praxis. Freiburg-Basel-Wien, 2. Auflage 1987, Kapitel: Der Blumenschmuck.

Im Zeichen der Schöpfung oder der Weg ins Paradies. Katalog zur Ausstellung Bentlage und Telgte 2004, 2 Bände, Museum Heimathaus Münsterland

Jay, Roni: Heilige Gärten. Oasen zum Nachdenken und Meditieren. Neuhausen 1999 (New Alresford 1998)

Küstenmacher, Marion: Vom Zauber der Blumen und einfachen Dinge. München 2004

Marzell, Heinrich: Geschichte und Volkskunde der deutschen Heilpflanzen. St. Goar 2004 (Nachdruck der 2. Auflage, Stuttgart 1938)

Nießen, Adelheid: Blumen preisen den Schöpfer. Ein praktischer Ratgeber für das Schmücken der Kirche. Freiburg, Basel, Wien 1991

Pastorales Schreiben der Deutschen Bischöfe: Mitte und Höhepunkt des ganzen Lebens der Christlichen Gemeinde. Impulse für eine lebendige Feier der Liturgie. Deutsche Bischofskonferenz, Bonn 2003

Rütter, Arnold: Die Pflanzenwelt im Dienste der Kirche für Geistliche und Laien. 1. Teil: Die Pflanzenwelt als Schmuck des Heiligtumes und Fronleichnamsfestes. Regensburg, New York, Cincinnati, 4. Auflage 1906. Dritter Theil: Die besten Altarblumen im Garten und ihre Cultur und Verwendung. Ebd., 1. Auflage 1883

Der Sakristanendienst. Das Handbuch für die Praxis. Hg. von der Arbeitsgemeinschaft der Sakristanenverbände des deutschen Sprachgebiets. ADS. Freiburg, Basel, Wien 2005, S. 301-303

Sachs-Badstübner-Neumann: Wörterbuch der christlichen Ikonographie. Regensburg, 9. Auflage 2005 (1. Auflage Leipzig-Berlin o.J.)

Steiner, Peter B.: Blumenverbot am Altar. In: Christ in der Gegenwart, 29, 2006

REGISTER

2. Pflanzen

Dies ist kein botanisches Lehrbuch und kein Gartenkatalog. Zudem lebt ein Kirchgarten von milden Gaben, wie Ablegern und Stecklingen, die sich oft nicht eindeutig benennen lassen. Wo dies jedoch möglich war und von Interesse schien, sind Sorten hier angegeben.